行业发展丛书

关于推进律师费转付制度的调研报告

北京市朝阳区律师协会 ◎著

The Report on
THE TRANSFER PAYMENT
SYSTEM OF
ATTORNEY FEES

中国法制出版社
CHINA LEGAL PUBLISHING HOUSE

撰稿人

会　　长：杨　光
副 会 长：孙　为
主　　编：张明君
执行主编：李　涛
副 主 编：韩　骁、马立文、常海梅、田雨鑫、贾秀娟、刘仁堂、
　　　　　代现峰
编　　委：张泽贤、郭松阳、邱琳、宇文鸿雁、佟杉杉、侯蓓丽

前　言

推进律师费转付制度，营造和谐的司法环境与
良性的律师竞争生态

律师费能否由败诉方承担，在司法实践中一直是个焦点问题，多年以来一直广受关注。但在仲裁领域，大多数仲裁委员会也早在仲裁规则中规定，仲裁庭可以裁决律师费的负担，但在法院审理案件时，一直对此持相对谨慎的态度。

2016年出台的最高人民法院《关于进一步推进案件繁简分流优化司法资源配置的若干意见》（法发〔2016〕21号）中，明确提出要"充分发挥诉讼费用、律师费用调节当事人诉讼行为的杠杆作用，促使当事人选择适当方式解决纠纷。当事人存在滥用诉讼权利、拖延承担诉讼义务等明显不当行为，造成诉讼对方或第三人直接损失的，人民法院可以根据具体情况对无过错方依法提出的赔偿合理的律师费用等正当要求予以支持"，但是实践中一直没有形成一致的意见与统一的操作尺度。当前，在法院裁判时，除非相关法律、司法解释等有明确约定，或是双方有合同约定，对于要求败诉方承担律师费的主张，法院一般不予支持，但也存在因各地法院裁判尺度不一而有所不同的情况。

朝阳区律师协会率先系统性地研究了律师费转付制度，希望能够

在行业内引起广泛的讨论，引发争鸣，达到共鸣。我们认为，推进律师费转付制度，对于营造和谐的司法环境与良性的律师竞争生态有多种意义：

首先，通过补偿机制，可以引导理性使用司法资源。在"努力让人民群众在每一个司法案件中感受到公平正义"这一工作目标的指引下，近年，各级法院全方位地推进着包括立案登记制度在内的各项司法便民、司法为民的措施，便利了老百姓的诉讼。同时由于我国巨大的人口基数、经济持续高速发展、经济转型等因素的影响，各类型案件数量一直居高不下，对于和谐的司法环境的营造造成了较大的影响。推进律师费由败诉方承担的转付制度，不仅符合公平正义的基本原则，更重要的是能形成一种良好的利益补偿机制，在一定程度上减少滥用司法资源的滥诉情形。

其次，通过利益调节，能够发挥当事人之间内在的利益权衡、利益平衡机制，并将其内化为一种多元化的纠纷解决机制，引导当事人理性诉讼，减少缠诉，尽早、尽快解决纠纷。

再次，有利于净化司法环境。律师费转付制度，也是律师费竞争制度，司法裁判文书的公开，会逐渐形成律师费的良性比较与互动，使律师费的收取水平更加妥当，减少暗箱操作空间，优化司法环境。

最后，有利于律师行业良性竞争生态的形成。当前，律师行业快速发展，截至 2018 年底，律师人数已达 42 万人，据估测，到 2022 年，律师行业人数将达到 60 万人，面临激烈的竞争态势。现在、未来，律师行业都面临着不当竞争、低价竞争的问题，推进律师费由败诉方承担的转付制度，也能促使律师们更加审慎地对待这一问题，促进良性的竞争生态形成。

律师费转付制度存在很多问题，包括对于这个制度的认知、律师费可以被支持的水平或标准、是激励诉讼还是抑制诉讼、如何确定一个案件的败诉、过错如何确定、恶意如何界定，等等。我们需要对这些问题进行细化地研究，以使其具有普遍的落地能力及实践能力。

朝阳区律师协会将持续深入地探讨这一制度、这一制度落地的可能性、什么样的类型化案件可以先行先试，以及律师行业如何通过自身的法律服务实践将律师费的转付制度落到实处。

自从提出这个课题以来，朝阳区律师协会争议解决业务研究会在主管副会长孙为的指导下，付出了极大的努力，用时一个月的时间，就完成了报告。此后，这份报告交由律师代表、律师界的人大代表多次讨论，并就相关资料进行了进一步的梳理。此后，北京市人大代表刘子华律师、全国人大代表高子程律师就律师费转付制度提出代表建议，北京市高级人民法院于2019年5月20日以京高法〔2019〕328号函件回复了刘子华律师，就败诉方承担律师费制度的现状、两种不同意见及理由阐述了意见；最高人民法院于2019年7月11日以法办函〔2019〕512号对高子程的代表建议进行了回复，在函中肯定了律师费转付制度具有重要意义，总结了我国律师费用转付制度的理论与实践，并将积极研究探索律师费用转付制度的改革。

在本书的成稿过程中，争议业务研究会张明君主任、韩骁副主任、李涛副主任、马立文副主任、常海梅秘书长、田雨鑫副秘书长、贾秀娟副秘书长、代先锋律师和刘仁堂律师以及其他委员付出了极大的努力和心血。在此，诚挚感谢他们的智慧贡献。

希望全行业都来关注这一问题，优化行业生态，创造和谐社会。

朝阳区律师协会会长　杨光博士

序　言

北京市朝阳区律师协会争议解决业务研究会（以下简称争议委）是朝阳区律师协会下设的以纠纷和争议解决为研究领域的专业研究会。争议委以诉讼、仲裁、多元调解等ADR（Alternative Dispute Resolution）纠纷解决为研究领域，肩负着为全区律师提供该领域业务培训、指导、提升、交流等的使命。

新一届争议委成立伊始，即接受了协会交办的两个课题，"律师费转付制度研究"便是其中之一。自从我国确立和施行律师服务有偿制度以后，有关律师代理费用的最终承担主体问题一直争议不断，在理论界以及实务界引起广泛讨论。

从2018年11月开始，争议委便着手进行该课题的调研，在一个多月的时间里完成了2万多字的调研报告。其间，课题组成员先后与长期从事争议解决业务的律师、专家、学者等专业人士进行了深入的交流，并与对此课题已经展开研究的一些法官进行了交流。我们发现，不仅只有律师们关心律师费转付制度，法官和仲裁员们同样对此同样颇感兴趣。2019年1月2日，争议委邀请法院、仲裁委员会、各高校知名教授等20余位专家学者围绕"律师费转付制度调研报告"召开了研讨会。研讨会结束后，课题组根据研讨会各嘉宾的意见进一步

>>> 关于推进律师费转付制度的调研报告

进行实证研究,采用文献研究、大数据分析、个案研究、比较研究等多种研究方法,数次打磨、几经修改,不断进行完善,最终形成了本书。

本书首先研究了我国律师费转付制度的现状,这一部分主要是从立法和司法实践两大部分展开的。经过研究,我们发现在立法方面,律师费转付这一制度在我国尚未被提到一般性的规则建构层面上,仅规定于特定纠纷领域之中,并且关于律师费转付的相关法律文件的效力层级参差不齐,对此我们也提出了相应的完善建议。司法方面是基于我国法院裁判败诉方承担律师费的案例分析展开的。通过大数据分析,我们总结出了当事人提出律师费转付请求案件的时间分布、地域分布、案由及裁判情况。其次,我们重点分析了在我国推进律师费转付制度的必要性和正当性,深度挖掘了它的法理依据、立法依据以及典型案例。最后,针对当前存在的问题,提出建议。

总之,按照中央关于司法体制和工作机制改革的要求,坚持"从实践到理论、理论升华后再指导实践"的原则,基于当下的司法实践现状,尽可能提出切实可行的实施方案,期望以此研究为我国律师制度的发展与司法改革尽一份绵薄之力。

本课题组成员主要为争议委的委员,他们都是长期从事争议解决工作的资深律师。在繁忙的工作之余,课题组成员排除万难,调动一切资源,参与课题的调研、分析、研讨、撰写、修订、完善等工作,最终完成本书。在此谨对以上委员致以崇高的敬意和感谢,并对为此课题提供过指导和支持的各位专家学者致以深深的谢意。

律师费转付制度是需要长期研究并持续推动的课题,具有巨大的现实和理论意义。本书抛砖引玉，希望有更多关心本课题的各界人士继续接力推进，使其日臻完善。

争议解决业务研究会主任　张明君

2020 年 1 月 7 日

CONTENTS 目录

Part 1 第一章 导 论

一、研究背景 ...004

二、研究对象 ...006

三、研究方法 ...010

（一）文献研究法 ...010

（二）大数据分析法 ...011

（三）个案分析法 ...011

（四）比较研究法 ...011

四、研究意义 ...012

Part 2 第二章
我国律师费转付制度的现状

一、律师费转付制度在我国的立法现状 ...019

二、律师费转付制度在我国的司法现状：基于我国法院裁判败诉方承担律师费的案件之分析 ...025

（一）当事人提出律师费转付请求案件的时间分布情况 ...025

（二）当事人提出律师费转付请求案件的地域分布情况 ...026

（三）当事人提出律师费转付请求案件的案由情况 ...028

（四）支持由败诉方承担胜诉方律师费案件的审理情况 ...031

三、我国法院对律师费承担的裁判思路 ...034

（一）承担律师费的基本原则 ...034

（二）律师费承担原则的转折点 ...040

Part 3
第三章 在我国推进律师费转付制度的必要性之分析

一、目前我国律师费支付制度存在的问题 ...055

（一）我国对律师费承担的法律规定中存在的问题 ...055

（二）我国律师费承担制度在司法实践中存在的问题 ...059

（三）目前我国的律师收费制度不符合国际潮流和主流规则 ...062

二、在我国推进律师费转付制度的必要性 ...078

（一）鼓励当事人积极维权、妥善维护其合法权益 ...079

（二）提高行为人侵权成本、预防行为人肆意侵权 ...081

（三）防止当事人滥用诉权、提升司法资源利用率 ...084

（四）发展多元纠纷解决机制、减轻人民法院诉累 ...086

（五）增加对律师职业的认同感、促进律师行业健康充分发展 ...088

（六）强化公民法治观念、彰显社会公平正义 ...091

Part 4 第四章 在我国推进律师费转付制度的正当性之分析

一、败诉方承担胜诉方律师费的法理依据 ...097

（一）实现当事人诉讼（仲裁）成本合理分担的需要 ...098

（二）维护公民、法人和其他组织合法权益的需要 ...100

（三）保障公民诉权，平等享受法律服务的需要 ...101

（四）满足减少当事人讼累，促使律师行业发展的需要 ...101

二、在我国推进律师费转付制度的法律依据 ...104

（一）与律师费转付制度相关的全国性规范 ...104

（二）与律师费转付制度相关的地方性规范 ...112

（三）与律师费转付制度相关的典型案例 ...121

Part 5
第五章 在我国推进律师费转付制度的建议

一、律师费转付制度的推进原则 ...138

（一）法院（仲裁庭）审查原则 ...138

（二）实际代理原则 ...139

（三）公平分配原则 ...139

（四）不告不理原则 ...140

（五）补偿为主原则 ...141

（六）诚实信用原则 ...142

（七）"败诉方承担律师费"的普遍适用原则 ...143

二、推进律师费转付制度的具体措施 ...148

（一）在案件集中的区域设立试点法院 ...148

（二）明确实行律师费转付制度的案件类型 ...151

（三）明确实行律师费转付制度的阶段 ...152

（四）对于利用管辖权异议程序恶意拖延诉讼的，裁决败诉方承担胜诉方律师费 ...153

（五）增加执行阶段败诉方承担律师费数额的认定程序 ...153

（六）明确实行律师费转付制度的限制 ...153

（七）进一步明确律师费支付标准 ...154

（八）建立律师费担保机制，律师费由败诉方切实承担 ...154

（九）有效引进诉讼保险制度 ...155

（十）败诉方、过错方含义之辨析 ...158

（十一）完善律师过失赔偿责任保险机制 ...162

（十二）建立律师费用败诉方负担的评定程序 ...162

>>> 关于推进律师费转付制度的调研报告

Part 6
第六章
研究结论与倡议

一、研究结论 ...167

二、我们的倡议 ...172

（一）律师在合同条款设置上进行引导 ...172

（二）律师在诉讼中主动提出律师费承担请求 ...173

（三）律师协会规范并推广合同标准条款 ...174

（四）制定律师费率表 ...174

（五）尊重法官的自由裁量权 ...177

（六）完善例外性规则的处置方法 ...177

（七）加强律师培训，发挥律协的监管职责 ...178

后记 ...181

第一章

导 论

第一章 导论

自从我国确立和施行律师服务有偿制度以后,律师代理费用的最终承担主体问题一直争议不断,在理论界以及实务界引起广泛讨论。律师向委托人提供法律服务的同时,委托人应当向律师支付相应的报酬。而律师报酬即律师代理费用的最终承担问题,根据我国现行的法律规定,原则上由委托律师的当事人承担律师代理费用,只有在散见于不同法律规范所规定的几种特殊情形下,可以由败诉一方当事人承担胜诉一方当事人的律师代理费用。

此种制度设计有违法理正当性,权益受到侵害的或者遵守合同约定的一方当事人因为他人的侵权行为或者违约行为提起诉讼,胜诉后仍须支付律师费,会额外增加依法维权的经济负担,是对侵权受害人或者守约当事人的又一次权益侵夺和经济打击,不利于对社会公平正义的维护。为此,学者们主张在我国构建律师费转付制度的一般规则。律师费转付制度是指在采取法律救济措施的过程中,由败诉方或过错方承担对方当事人因提起或参与诉讼、仲裁活动聘请律师所产生的律师费用的制度[1]。律师费转付制度不仅是对现行律师服务费用支付规则违反法理正当性的一次正义性矫正,也对保障和维护人民群众合法权益、促进律师行业健康充分发展、深化和发展司法体制改革、构建和推进社会主义法治社会与社会主义和谐社会、实现社会公平正义具有不可忽视的重要影响和巨大作用。

因此,实务界和学术界人士通过文献研究以及比较研究等方法对律师费转付制度的依据、内容、利弊等方面进行了一定程度的研究,

---

[1] 钱雄伟:《"律师费转付制度"的可行性研究》,载《鄂州大学学报》2005年第2期,第39—42页。

并主张在我国应当尽早构建和完善律师费转付制度。然而，结合各地的司法实践情况，由于缺乏一般性的规定，尚未形成统一的有关律师费用承担的裁判路径，经常出现"同案不同判"的情况。本调研报告将建立在我国大量司法判例的基础之上，并结合文献研究法和比较研究法等多种研究方法对律师费转付制度在我国的构建和推行背景、目的、原则、内容、意义、国际趋势、可行性、必要性、紧迫性等进行多方面、多层次、多角度的研究和分析，以期推进律师费转付制度在我国的构建与施行。

一、研究背景

我国是人民当家做主的社会主义国家，为人民服务，为百姓谋福利自然是我国国家和社会发展的应有之义。社会主义法治社会和社会主义和谐社会的构建和实现，是当前我国国家和社会发展的必然要求。社会主义法治的健全是对立法、执法、守法三者理念的贯彻落实，具体体现为16个字：有法可依、有法必依、执法必严、违法必究。其需要遵守的基本原则为：合法原则、民主原则、平等原则、统一原则。社会主义和谐社会的构建是对人本身、人与人、人与社会、人与自然、人与社会及自然之间的和谐关系的追求。当下中国正处于社会转型时期，在社会主义市场经济快速发展的同时，利益格局得到进一步的调整，社会结构也在发生着重大变化，人们的行为方式、生活方式、价值体系等方面都发生明显变化。在这样的社会大背景之下，依法治国理念逐渐成为发展中国特色社会主义的重要保证及本质要求，司法体制改革将得到进一步推进，司法体制将日渐趋于完善。

但就目前而言，社会主义市场经济快速发展与社会结构发生重大变化的同时伴随着各种社会矛盾的碰撞与加剧，社会主体之间的纠纷激增。一方面，由于我国巨大的人口基数、法院司法权威的树立、立案登记制的推行以及人们法治意识和维权意识的提升等多方面因素的影响，法院面临的诉讼案件呈现出一种持续高位的态势，法院不堪重负，现有的司法资源难以使得司法工作正常运转。另一方面，相当一部分民众或因对律师的社会定位及诉讼作用有所误解，或因没有足够的经济能力负担高昂的律师费用而对委托律师从事法律服务具有抵触的心理，以及部分民众利用现行法律制度的疏漏而恶意提起诉讼或者进行虚假诉讼，有违民事活动诚实信用原则和社会公平正义原则的同时浪费了有限的司法资源，严重扰乱了国家的司法秩序和经济秩序。此外，律师行业的发展也存在恶性竞争的现象。在这样的行业背景之下，解决当前存在的司法问题，深化司法体制改革十分必要，而律师费转付制度的构建与完善可以成为解决上述司法问题的适宜路径。

因此，许多学者针对如何在我国构建律师费转付制度进行了研究；与此同时，实务界主张构建律师费转付制度的呼声也日渐高涨。学者们主要以比较法的视角从构建该制度的依据、内容、利弊等方面展开研究。其他国家，如美国、德国、法国、日本、英国等都对律师费转付制度作了相应规定，不仅规定了律师费的最终承担主体为败诉方当事人，也作出了对败诉方当事人承担律师费的限制性规定。由此可见，律师费转付制度正逐渐成为律师代理费用支付规则的一种国际化趋势，这一国际背景能为我国构建律师费转付制度提供重要参考价值。但这并不意味着因为其他国家存在这一制度，就应当在我国推进律师费转付制度，而是构建律师费转付制度在我国确实具有必要性、紧迫性和可行性。我国对于律师费转付制度的构建不应照搬照抄其他国家的相关制度，而应当建立在我国现实国情的基础之上，通过对其他国家关于律师费转付制度的相关规定及司法实践的研究和分析，吸收和借鉴能够为构建我国律师费转付制度所用的制度规则。

遗憾的是，理论界的现有成果虽然对其他国家关于律师费转付制度进行了一定的研究，但多为简单的提及和罗列，并未结合我国实践进行分析和论证。碍于各种因素的影响，对律师费转付制度的现有研究未能建立在我国大量翔实的司法案例基础上，缺乏对我国法院系统及仲裁领域关于律师代理费用的裁判思路及地方性规定的分析，对于在我国构建律师费转付制度的研究未能从我国客观的司法实践出发，因而提出的关于律师费转付制度具体构建内容及推进方法的建议并不完全符合我国的实际需要。

对此，本研究会对律师费转付制度在我国的构建立足于我国的司法实践，从现状出发，同时关注理论基础，对该制度的正当性与必要性进行深入分析。为了提高本调研报告的科学性与可信度，本研究会采取了大数据分析法、文献研究法、比较研究法等多种调研方法，充分整理和有效分析有关律师费转付制度构建和推行的背景、目的、原则、内容、意义、国际趋势等方面的资料，多方面、多层次、多角度地为我国建立律师费转付制度提供参考。

二、研究对象

本调研报告的研究对象为律师费及律师费转付制度。

律师费又称为律师代理费，是指委托人通过委托合同授权给被委托人即律师以委托人的名义从事民事法律行为即法律事务时所应支付给律师的代理费用，是律师为委托人提供法律服务的报酬。自改革开放以来，我国律师收费制度逐步得以确立：

1981年12月颁布的《律师收费试行办法》规定了两种收费方式，计件固定收费和标的比例收费。后来为了更好地开展律师工作，司法部、财政部、国家物价局于1990年制定了《律师业务收费管理办法及收费标准》，增加了计时收费的方式。1997年实施的《律师服务收费管理暂行办法》增加了协商收费的方式。2006年实施的《律师服务收费管理办法》（以下简称《办法》）对适用范围予以明确，确定了风险代理收费及排除情形。在国务院有关部门多次对律师收费作出规定的同时，多数省、自治区、直辖市结合本地情况制定了律师服务收费的管理办法。[1]

律师与委托人之间的法律关系在性质上属于一种委托代理关系。《中华人民共和国合同法》（以下简称《合同法》）第405条规定，"委托人完成委托事务的，委托人应当向其支付报酬……"[2]《中华人民共和国律师法》（以下简称《律师法》）第25条第1款明确规定，"律师承办业务，由律师事务所统一接受委托，与委托人签订书面委托合同，按照国家规定统一收取费用并如实入账"。[3]这是律师收取代理费的法

---

[1] 邓天江：《律师收费制度的不足与完善》，载《中国律师》2017年第4期，第94—95页。

[2] 参见《中华人民共和国合同法》第405条，"委托人完成委托事务的，委托人应当向其支付报酬。因不可归责于受托人的事由，委托合同解除或者委托事务不能完成的，委托人应当向受托人支付相应的报酬。当事人另有约定的，按照其约定"。

[3] 参见《中华人民共和国律师法》第25条，"律师承办业务，由律师事务所统一接受委托，与委托人签订书面委托合同，按照国家规定统一收取费用并如实入账。律师事务所和律师应当依法纳税"。

>>> 关于推进律师费转付制度的调研报告

律依据。《办法》第 10 条规定了律师服务收费的具体方式包括了计件收费、按标的额比例收费和计时收费等不同方式。[①] 在不同的情况下采取不同的收费标准，使得律师收费制度具有了较强的灵活性和适应性。

需要注意的是，律师提供的法律服务本身的社会定位和价值考量并不局限在律师个人或者律师事务所的私人利益的谋求之上，而是关乎人民群众的整体利益诉求、司法体制改革的深化和发展、中国特色社会主义律师制度的构建和完善以及社会主义法治社会与社会主义和谐社会的推进和实现。律师作为法律职业共同体中的一员，理应肩负更为重要的社会责任和神圣的法律使命。《办法》的制定和实施均体现了这一理念与精神，《办法》第 1 条就规定了管理律师收费的规范目的，即"规范律师服务收费行为，维护委托人和律师的合法权益，促进律师服务业健康发展"。[②] 第 3 条规定了律师提供法律服务收取代理费用所需要遵循的一般原则，即公开公平原则、自愿有偿原则、诚实信用原则，以及律师事务所应当承担的社会责任和客观要求，即应当便民利民，加强律师事务所内部管理，降低提供法律服务的成本，为委托人提供更为方便优质的法律服务。[③] 鉴于律师提供的法律服务具有个人利益的谋求与公共利益的维护的双重属性，《办法》第 4 条规定了律师

---

① 参见《律师服务收费管理办法》第 10 条第 1 款，"律师服务收费可以根据不同的服务内容，采取计件收费、按标的额比例收费和计时收费等方式"。
② 参见《律师服务收费管理办法》第 1 条，"为规范律师服务收费行为，维护委托人和律师的合法权益，促进律师服务业健康发展，依据《价格法》和《律师法》等有关法律法规，制定本办法"。
③ 参见《律师服务收费管理办法》第 3 条，"律师服务收费遵循公开公平、自愿有偿、诚实信用的原则。律师事务所应当便民利民，加强内部管理，降低服务成本，为委托人提供方便优质的法律服务"。

服务收费实行政府指导价和市场调节价两种定价模式。①这就使得律师代理费的收取标准在充分遵循了市场规律的基础上又能够发挥政府调节的作用，促使律师法律服务的提供不仅符合律师提供法律服务即劳动力的正常市场价值，满足其基本的生活需求，也能满足人民群众对于法律服务的基本需要以及法治社会与和谐社会对于法律职业共同体的基本要求。

但是律师收费制度仍存在明显的有违法理正当性的规定，例如，作为正当权益的合法维护者的委托人承担为依法维权而委托律师的代理费用的经济成本。对此，实务界和学术界出现了律师费转付的观点，即律师费用的最终承担主体不再绝对化为委托律师的一方当事人，而是根据案件的最终审理结果由败诉的一方当事人承担己方以及胜诉的一方当事人的律师代理费用，以此矫正前述存在的有违法理正当性的情形。律师费转付制度不论是对于维护人民群众合法权益、预防行为人肆意侵权、防止当事人滥用诉权、强化公民法治观念和彰显社会公平正义，还是促进律师行业健康充分发展、提升司法资源利用效率、发展多元纠纷解决机制、深化和发展司法体制改革、构建和完善中国特色社会主义律师制度、推进和实现社会主义法治社会与社会主义和谐社会都具有不可忽视的重要影响和巨大作用。而在我国现行法律制度框架下，律师费转付制度的理念虽然散见于不同的法律法规之中，但是仍然缺乏一般性的规定。律师费转付制度仅仅在极为有限的几种情形下发挥着特有的制度功能和规则效用，实为对律师费转付制度的

---

① 参见《律师服务收费管理办法》第4条，"律师服务收费实行政府指导价和市场调节价"。

一种浪费。因此，积极推进律师费转付制度一般规则的构建与完善具有重要意义。本调研报告对律师费转付制度的背景、目的、原则、内容、意义、国际趋势、可行性、必要性、紧迫性等多个方面进行了认真调研和细致分析，以期推进律师费转付制度在我国的全面建立和适用。

三、研究方法

本调研报告综合运用文献研究和实证研究、定性研究与定量研究相结合的方法，对律师费用败诉方负担制度的立法现状、理论研究现状以及实践运行现状进行了分析，并对律师费用败诉方负担的法理依据、法律依据、实现途径、评定规则以及实施措施提出了具体的完善建议。具体方法主要有：

（一）文献研究法

文献是撰写调研报告最基本的资料。围绕律师费转付制度这一课题，本研究会通过在中国知网、万律中国法律数据库等数据库全面搜集国内关于律师费用负担制度的法律法规和期刊论文、著作，并查阅了国外大量相关论文、书籍，全面了解国内外律师费用负担制度的理论研究成果，总结分析了国内外当前司法实践中处理律师费转付问题的标准和做法。最高人民法院发布的《关于进一步推进案件繁简分流优化司法资源配置的若干意见》（法发〔2016〕21号）（以下简称《意见》）第22条强调了要发挥律师费调节诉讼行为的杠杆作用，在适当情况下可要求一方当事人承担无过错方的另一方当事人的律师费用，研究其出台背景对于本次调研具有必要性和重要性；国外就律师费转付领域的规定及裁判经验，也对本次调研具有借鉴和参考意义；查阅国内相关法律规定及实务界处理相关纠纷的实际经验资料，都为本课题的深入研究奠定了良好的基础。

（二）大数据分析法

本次调研的工具之一为中国裁判文书网，以"律师费"为关键词，检索到 10389 件包含律师费判项的民事案件，并对检索结果以时间、地域、案由、两审裁判结果等多个因素为维度进行了整理和分析。此部分的数据对于我们了解目前司法实践中提出律师费诉请的情况以及法院的处理情况、为本次调研报告的撰写提供了翔实的数据支持。在后期的资料整理阶段，还利用了数据处理工具进行统计和分析，进一步揭示出不同主体对于律师费用败诉方负担制度的看法以及如何恰当地推进该制度在中国的确立。

（三）个案分析法

为了追求研究结果的准确性，本研究会搜集了大量的案件，尽管如此，在样本的代表性和广泛性上仍然难免存在不足之处。因此，出于研究的谨慎性，也为了弥补这一缺陷，本研究会还通过裁判文书网检索各地区的相关案例，并有针对性地进行个案分析，同时通过对样本地区与国内其他地区的不同做法进行比较，力图揭示出司法实践中关于律师费用负担制度运行的总体样态。

（四）比较研究法

本次调研，通过对我国及国外主要国家、地区的诉讼领域和仲裁领域中与律师费转付制度相关的法律规定、裁判案例的比较研究,讨论律师费转付制度在我国适用的可行性与必要性。此外,加强域内理论与域外理论的借鉴交流,参考域外对律师费转付制度的理论研究与实践经验。通过国内外对律师费转付制度的对比分析,立足中国的实际情况,寻找符合当代中国社会发展的恰当路径,从而提出可操作性较强的建议。

总之,本调研报告注重规范分析法与实证分析法相结合。对律师费转付制度的发展现状,律师费转付制度的目标、内容,以及现有法律法规中对律师费转付制度的规定采取了规范分析法。而实证分析法主要应用于司法实践中在律师费支付中发生的具有争议性的案例的分析研究,理论与实践相结合,通过完善理论解决司法实践中的疑难问题。

四、研究意义

从古至今,法律一直具有两面性。一方面,法律承担着维护国家安全运转的重任;另一方面,法律还需解决在生活中发生的纠纷事件,以维持公平正义。依法治国,建立社会主义法治国家是我国宪法确立的目标。在我国的法治进程中,民事审判制度改革进一步深入,在对抗制诉讼模式下,案件当事人双方被赋予了更多的诉讼义务和责任。为了能最大限度地维护自己的权益,争取在诉讼中胜诉,律师诉讼代理法律服务日益成为当事人的首选,律师也日益成为一种需要付出高昂价值的法律资源。[①]

---

① 戴党平:《民事诉讼律师费用败诉方负担制度分析》,第2—3页。

具体到发生纠纷时，必然会出现加害人与受害人，而受害人想要维护自己的权益就要借助公权力的力量来实现。根据国家发改委发布的《办法》，"民事诉讼代理实行政府指导价，政府指导价的基准价和浮动幅度由各省、自治区、直辖市人民政府价格主管部门会同同级司法行政部门制定"。但是，对于民事诉讼案件的律师代理费由胜诉方还是败诉方来负担并未明确规定。民事案件律师代理费由谁承担在学术界是存在争议的问题，而在司法实践中适用"谁请律师谁支付"的原则。然而受害人在借助公权力维护权益的时候也需要付出成本，如果因为维护本该属于自己的利益而付出不必要的成本却得不到转嫁与补偿的话，那么显然违背了法律的公平性。实现转付制度使新的不平衡不在受害人身上出现，也给加害一方以惩戒，只有这样，法律的公平价值才能更好地体现出来。

在诉讼开始的阶段，当事人都希望自己的权益得到维护，对遭受的损失进行补偿，但如果要投入大量的金钱来维护受损权益，就很可能会出现赢了官司输了钱的尴尬局面。基于这种顾虑，当事人往往会放弃通过诉讼维护权益的想法，而律师费的转付会鼓励当事人在权利受到损害时，没有顾虑地聘请律师来保护自己的利益，由此也对律师行业的发展起到了促进作用。在市场经济下，每一个行业的发展都与市场需求紧密相关，律师业也不例外，如果转付制度确立，那么在法治不断进步的情况下，人们从思想上减轻了后顾之忧，遇到纠纷可以选择以诉讼的方式来解决问题，对律师的需求就会大幅度提高，这样就能逐步地带动律师行业的发展。

实现律师费转付制度有利于保护胜诉方的合法权益，如在民事诉讼的过程中，正是因为侵权方的侵害，使他人的合法权益遭到了损失，受损方因此而提起诉讼,二者具有因果关系,那么胜诉的一方因为诉讼而支付的律师费用也应该认定为一种财产损失,应该由败诉方承担,这样也恰恰体现出审判的最终目的是维护当事人的合法权益。律师费转付制度并不会导致无端诉讼,反而可以遏制恶意诉讼的发生,因为败诉方并不是在判决之前直接支付胜诉方的律师费用,诉讼与律师费之间并没有直接联系,而是审判终了才由败诉方支付胜诉方律师费用,所以,诉讼的提起是在双方都处于谨慎状态下的选择,甚至会出现双方主动沟通与协商以减少诉累的情况。实施该制度有利于防止滥诉现象的发生,进而节约司法资源,维护良好的司法秩序。

由败诉方承担胜诉方的律师费提高了违法成本,这在一定程度上可以降低违法行为的发生。例如,民事诉讼中的败诉方除法院的诉讼费以外,还需要补偿胜诉方因此而产生的律师费用,那么在日常的经营活动中,人们会更加自觉地遵循平等自愿和诚实守信的原则,这样也有利于市场经济的繁荣发展。

此外,实施律师费转付制度能促进我国更好地解决社会性公共利益问题。目前社会性公共利益纠纷主要通过公益诉讼予以解决,而公益诉讼能否顺利进行、实现它的功能,其费用分担方式起着至关重要的作用。科学合理的律师费用分担方式有利于保障诉权的实现,进而使司法获得民众的信赖;有利于提高国家机关及社会组织等参与公益诉讼的主动性和积极性,进而促进公益诉讼制度的切实贯彻和落实;有利于推进我国社会主义法制进程,使我国的法制建设早日与世界接轨[①]。

---

① 李斯奇:《公益诉讼费用分担方式问题研究》,第2页。

所以，在我国推进律师费转付制度，是我国法制建设的需要，是社会发展的需要，更是司法实践的需要。长期以来，法学理论界对于律师费用的负担问题重视不足，既有研究多是停留在较为粗浅的层面，如不少研究是关于国外民事诉讼律师费用负担规则的译介，或者是对律师费用败诉方负担规则的必要性的简单论证，而从法理的高度来探讨律师费用负担制度可能具有的理论价值的研究并不多见，真正立足于律师费用负担实践的实证研究更是少之又少。从目前的立法现状来看，律师费用败诉方负担制度的规定散见于各部门立法及相关的司法解释中，程序法与实体法规定存在内在的不协调，缺乏更高位阶的、统一的规范性文件规定，且不同位阶的规范性文件对于律师费用的性质定位和内涵也不完全一致，因此，如何在厘清律师费用负担制度内在逻辑的基础上构建较为体系化的律师费用败诉方负担制度显得尤其必要。

本调研报告从律师费用败诉方负担制度的基础理论入手，同时结合司法实践中的裁判文书揭示该制度的运行现状，再进一步分析该制度在中国推行的必要性与正当性，最后从律师费转付制度的立法方式、适用范围、评定规则、评定程序等方面为该制度的进一步完善提供相关建议。本研究会立足中国的实践情况，尝试针对律师代理费的承担主体在立法和司法层面上的完善做出一定的贡献。

第二章

我国律师费转付制度的现状

律师业比较发达的西方国家大多采用律师费转付制度，由败诉方承担胜诉方的律师费用，作为英美法系和大陆法系中建立律师费转付制度的典型代表，英国、德国均在诉讼程序法中对该制度予以了详细规定。而我国关于律师费用负担的相关规定零散分布于各部门法之中，尚未确立对其具有普遍约束力的一般规定。近几年，在司法实践中越来越多地出现当事人提出律师费由败诉方承担的情况，理论界和实务界积极开展了关于律师费转付制度的探讨，相关法律、司法解释及规范性文件也尝试在部分领域中将律师费的负担问题予以明确规定；司法实践中也出现了由败诉方承担律师费用的相关判决。律师费转付制度在中国已经被给予越来越多的关注，下文将从不同的纠纷类型或领域出发，对律师费转付制度的立法现状与司法实践情况进行总结，并对法院的裁判思路予以分析。

一、律师费转付制度在我国的立法现状

我国关于律师费转付制度的相关规定，主要散见于针对以下几种案件类型的相关法律规定中：

1. 打击虚假诉讼、恶意诉讼等滥用司法权利的相关规定

2016年9月12日，《意见》第22条规定："加大对虚假诉讼、恶意诉讼等非诚信诉讼行为的打击力度，充分发挥诉讼费用、律师费用调节当事人诉讼行为的杠杆作用，促使当事人选择适当方式解决纠纷。当事人存在滥用诉讼权利、拖延承担诉讼义务等明显不当行为，造成诉讼对方或第三人直接损失的，人民法院可以根据具体情况对无过错方依法提出的赔偿合理的律师费用等正当要求予以支持。"2017年9

月30日，最高人民法院、司法部发布的《关于开展律师调解试点工作的意见》第15条规定："……一方当事人无正当理由不参与调解，或者有明显恶意导致调解不成的，人民法院可以根据具体情况对无过错方依法提出的赔偿合理的律师费用等正当要求予以支持。"上述规定是最高人民法院发布的政策性文件，其目的在于发挥律师费调节诉讼的杠杆作用、打击实践中存在的当事人滥诉以及拖延诉讼的恶劣行为、督促当事人行使司法权利时态度更加谨慎，并促使当事人根据对诉讼的可预测性采取理性的诉讼策略。

2. 关于合同纠纷的法律规定

在合同纠纷案件中，对于一般合同纠纷和特别合同纠纷，法律的规定有所不同：对于一般合同纠纷，关于律师费负担的法条规定不够明确，须作相应解释后方能得出结论，也容易引起解释上的分歧；而在特别合同纠纷中，法条的规定十分明确，一般不存在理解上发生分歧的情况。

具体而言，在一般合同纠纷中，《合同法》没有对律师费用承担问题进行明确规定，但《合同法》第113条第1款规定："当事人一方不履行合同义务或者履行合同义务不符合约定，给对方造成损失的，损失赔偿额应当相当于因违约所造成的损失……"这为"律师费用"属于该条规定的"因违约所造成的损失"留出了一定的解释空间。例如，上海高级人民法院就对这一解释观点持肯定态度，上海市高级人民法院《关于民事案件审理的几点具体意见》第14条规定："所谓损失，是指因违约方或加害人的不法行为给受害人带来的财产利益的丧失。律师费在性质上应属于财产利益，原则上可以作为损失，但不能超过加害人或违约方应当预见到的范围……"

在特别合同纠纷中，以债权人行使撤销权的诉讼案件和担保类诉讼案件尤为典型。在债权人行使撤销权的合同诉讼案件中，最高人民法院的相关司法解释认为此系债权人维权所支出的必要费用，最高人民法院《关于适用〈中华人民共和国合同法〉若干问题的解释（一）》（以下简称《〈合同法〉司法解释一》）第 26 条规定："债权人行使撤销权所支付的律师代理费、差旅费等必要费用，由债务人负担……"此外，在担保类诉讼案件中，《担保法》第 21 条、第 46 条、第 67 条、第 83 条中都规定了"保证担保的范围包括实现债权的费用"，这也为"律师费用"是否属于"实现债权的费用"留出了解释空间。不过，各级法院关于该条的解释并未达成一致意见，下文将就此进行详细分析。

3. 关于知识产权侵权及不正当竞争纠纷的规定

在知识产权侵权及不正当竞争纠纷案件中，由于此类案件的复杂性、专业性等因素，具备专业知识的律师对于当事人的维权必不可少，因此有专门针对律师费负担问题的规定，即认可当事人所支付的律师费属于其制止侵权行为所支付的合理开支。例如，《著作权法》第 49 条第 1 款规定："侵犯著作权或者与著作权有关的权利的，侵权人应当按照权利人的实际损失给予赔偿……赔偿数额还应当包括权利人为制止侵权行为所支付的合理开支"，最高人民法院《关于审理著作权民事纠纷案件适用法律若干问题的解释》第 26 条第 2 款进一步规定："人民法院根据当事人的诉讼请求和具体案情，可以将符合国家有关部门规定的律师费用计算在赔偿范围内。"此外，在《商标法》第 63 条、最高人民法院《关于审理商标民事纠纷案件适用法律若干问题的解释》第 17 条、《专利法》第 65 条、最高人民法院《关于审理专利纠纷案件适用法律问题的若干规定》第 22 条中以及《反不正当竞争法》第 17

条中也有类似的规定。

4. 关于利用信息网络侵害人身权益民事纠纷及消费、环境民事公益诉讼的规定

最高人民法院《关于审理利用信息网络侵害人身权益民事纠纷案件适用法律若干问题的规定》第18条第1款规定:"……人民法院根据当事人的请求和具体案情,可以将符合国家有关部门规定的律师费用计算在赔偿范围内";最高人民法院《关于审理消费民事公益诉讼案件适用法律若干问题的解释》第18条规定:"原告及其诉讼代理人对侵权行为进行调查、取证的合理费用、鉴定费用、合理的律师代理费用,人民法院可根据实际情况予以相应支持。"所以,在利用信息网络侵害人身权益民事纠纷案件以及消费、环境民事公益诉讼案件中,被侵权人因维护权利所支出的合理律师费用可以要求败诉方承担。

5. 关于劳动纠纷的相关规定

关于劳动纠纷案件中的律师费承担问题,仅有部分地区在地方性条例中对此进行了规定。例如,《深圳经济特区和谐劳动关系促进条例》第58条规定:"劳动争议仲裁和诉讼案件,劳动者胜诉的,劳动者支付的律师代理费用可以由用人单位承担,但最高不超过五千元……"

6. 商事仲裁规则

相较于民商事诉讼案件,商事仲裁规则中对于律师费转付制度有较为详细的规定,即仲裁庭可裁定由败诉方承担胜诉方所支出的合理律师费用。例如,《中国国际经济贸易仲裁委员会仲裁规则》第52条第2款规定:"仲裁庭有权根据案件的具体情况在裁决书中裁定败诉方应补偿胜诉方因办理案件而支出的合理费用",以及《北京仲裁委员会仲裁规则》第 51 条第 4 款规定:"仲裁庭有权根据当事人的请求在裁决书中裁定败诉方补偿胜诉方因办理案件支出的合理费用,包括但不限于律师费、保全费、差旅费、公证费等"。值得注意的是,尽管仲裁规则中所述的"合理费用"包括律师费,但是仲裁庭对合理费用的范围享有较大的自由裁量权。

从现行的法律、司法解释以及规范性文件来看,目前我国已在特定领域把律师费列入诉讼请求的追偿范围。例如,上文提到的《著作权法》第 49 条就将权利人为制止侵权行为所支付的合理开支包括在侵权人的实际损失赔偿范围内,而《反不正当竞争法》第 17 条将被侵害的经营者为证明实施侵害的经营者的不正当竞争行为进行调查支付的合理费用包括在损害赔偿范围内[①]。与此同时,一些司法解释与官方意见也及时作出反应,明确规定律师费用可以由败诉方或过错方承担,如最高人民法院《关于审理专利纠纷案件适用法律问题的若干规定》第 22 条指出,权利人主张其为制止侵权行为所支付合理开支的,人民法院可以在专利法第六十五条确定的赔偿金额之外另行计算;《〈合同法〉司法解释一》第 26 条规定,"债权人行使撤销权所支付的律师代理费、差旅费等必要费用,由债务人负担;第三人有过错的,应当适当分担"。最高人民法院与司法部《关于民事法律援助工作若干问题的联合通知》第 7 条指出,获得法律援助的一方当事人获得胜诉的情况下,法院可以根据具体案情,判决由败诉方当事人(非受援一方当事人)承担援助律师在办案过程中所支出的差旅费、文印费、交通通讯

---

① 谢芳燕:《论我国律师费转付制度的构建》,第 9—10 页。

费、调查取证等必要费用。这些规定与意见都为律师费转付制度在我国的建立提供了契机和可能[①]。

但不可否认的是,律师费转付这一制度在我国尚未被提到一般性规则的建构层面上,仅被规定于特定纠纷领域之中,且关于律师费转付的相关法律文件的效力层级参差不齐。具体而言,虽然上述法律规定或者司法解释中的"合理开支""合理费用""实现债权的费用"等可以理解为包括一方当事人为获得相应的赔偿而聘请律师支出的费用,但这些规定最终没有明确地指出胜诉方所支出的律师费由败诉方承担,通过现有规定并不能必然推导出由败诉方承担律师费用,还需要在具体案件中通过法官予以确认。此外,通过上文对我国律师费转付制度现有规定的简略梳理,可以看出,目前相关规定主要集中于司法解释层面或者指导性文件,并没有上升到法律的高度,存在层次过低、范围过窄的问题,律师代理费由败诉方承担未能成为具有普遍约束力的规定。

所以,尽管上述规范性文件对律师费转付制度有所体现,但是仍然存在着明显不足。为了更好地促进社会治理理念的更新和治理方式的创新,发挥律师费用在纠纷解决中的经济杠杆作用,促进当事人选择更为合适的纠纷化解方式,应当在我国推进律师费转付制度一般规则的构建,以更好地发挥律师费的杠杆作用,从而促进纠纷解决,并促进当事人诚信理性诉讼。

---

① 谢芳燕:《论我国律师费转付制度的构建》,第9—10页。

二、律师费转付制度在我国的司法现状：基于我国法院裁判败诉方承担律师费的案件之分析

本调研报告以中国裁判文书网于 2001 年至 2019 年 7 月期间公布的当事人提出律师费转付请求的案件判决为样本，从时间分布、地域分布、案由、裁判结果四个方面分别进行分析：

（一）当事人提出律师费转付请求案件的时间分布情况

在 2001 年至 2019 年 7 月期间全国裁判文书中以"当事人请求"及"裁判结果"为关键词进行检索，当事人提出律师费转付请求的裁判文书共计 316052 篇，其中：一审裁判文书 311677 篇，二审裁判文书 4029 篇，再审裁判文书 251 篇，执行案件及其他案件 95 篇。当事人提出律师费转付请求案件的时间分布如下图：

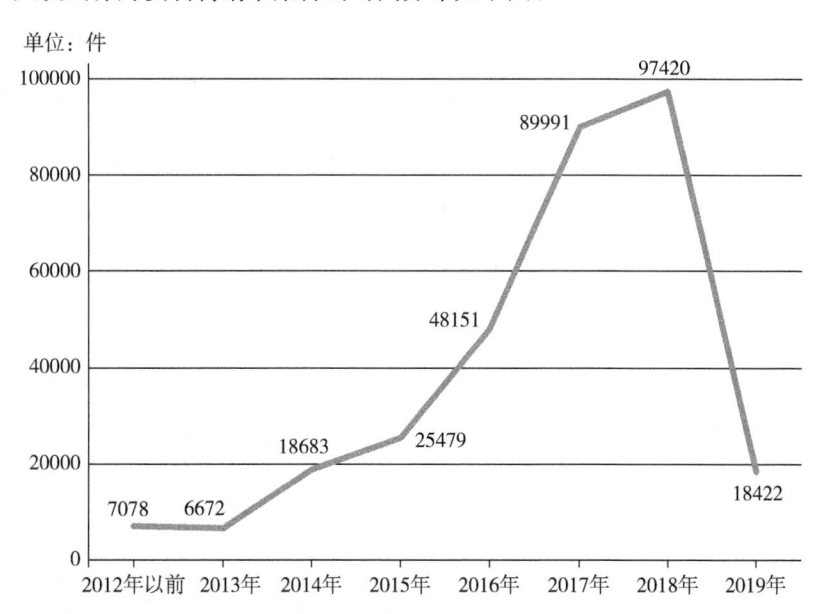

单位：件

年份	件数
2012年以前	7078
2013年	6672
2014年	18683
2015年	25479
2016年	48151
2017年	89991
2018年	97420
2019年	18422

具体而言,在 2001 年法院判决败诉方承担律师费的案件中,当事人明确提出律师费转付请求的民事案件数量仅 3 件。自 2001 年之后,法院判决败诉方承担律师费的案件中,当事人明确提出律师费转付请求的民事案件数量逐年递增。据上页图可知,2001 年至 2012 年,本类案件数量仅 7078 件;2013 年,本类案件数量总计 6672 件,接近前 11 年本类案件数量的总和;2014 年,本类案件数量达 18683 件,环比增长 180%;2015 年,本类案件数量达 25479 件,环比增长 36%;2016 年,本类案件数量达 48151 件,环比增长约 89%;2017 年,本类案件数量达 89991 件,环比增长 87%;2018 年至 2019 年 7 月,本类案件数量达 115842 件。

(二)当事人提出律师费转付请求案件的地域分布情况

在 2001 年至 2019 年 7 月期间全国裁判文书以"当事人请求"及"裁判结果"为关键词进行检索,得到如下结果:2001 年至 2019 年 7 月期间,法院判决败诉方承担律师费的案件中,当事人明确提出律师费转付请求的民事案例主要集中在江苏省、浙江省、广东省、上海市、福建省,分别占比 14.41%、14.06%、9.95%、9.06%、6.78%。其中江苏省的相关案件量最多,达到 45552 件。在统计结果中,法院判决败诉方承担律师费的案件中,当事人明确提出律师费转付请求的民事案例地域分布数量最少的省份为西藏自治区,仅 92 件。法院判决败诉方承担律师费的案件中,当事人明确提出律师费转付请求的民事案件的地域分布具体情况参见下页图。

第二章　我国律师费转付制度的现状 <<<

45552

0 单位：件

江苏省	45552
浙江省	44435
广东省	31446
上海市	28621
福建省	21431

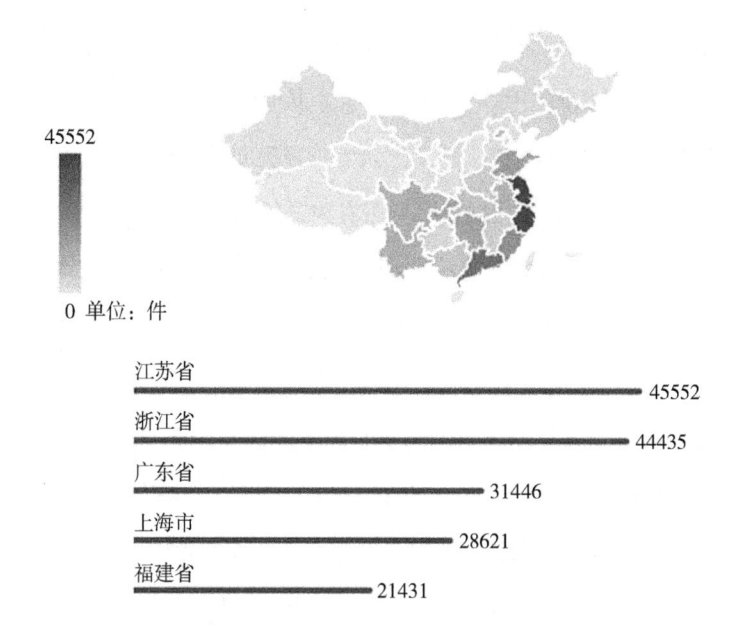

　　该类案件的地域分布情况，与区域的相关地方性法规和当地司法指导政策密切相关。江苏省成为此类案件数量最多的省份，深受当地政策导向的影响。2005年，江苏省高级人民法院《关于知识产权侵权损害赔偿适用定额赔偿办法若干问题的指导意见》明确规定因制止侵权行为所支付的合理费用包括律师代理费。2011年，江苏省高级人民法院关于印发《江苏省高级人民法院关于为实施创新驱动战略推进科技创新工程加快建设创新型省份提供司法保障的意见》的通知第25条也明确规定，"进一步加强和完善知识产权民事保护机制。贯彻全面赔偿原则，全面补偿权利人因侵权而遭受的损失，包括合理维权支出和律师费用。加大对恶意侵权、重复侵权、群体侵权、规模化侵权行为的打击和制裁力度，提高赔偿标准，加大侵权成本，降低维权成本。"同时，江苏省高级人民法院在《侵犯商标权纠纷案件审理指南》中进一步明确原告为制止侵权行为发生而支出的合理费用的项目及范围包括律师代理费。2013年，江

· 027 ·

苏省高级人民法院印发《关于民间借贷纠纷案件审理若干问题的会议纪要》，专门针对如何在民间借贷纠纷案件审理中处理借贷双方约定的律师费用等问题进行了讨论，并一致认为，在民间借贷纠纷案件中，当事人双方对为实现债权支出的律师费用有约定的，按照约定处理。2018年，江苏省高级人民法院关于印发《金融借款合同纠纷案件要素式审判工作指引》的通知中，在金融借款合同纠纷案件要素表中，明确将律师费列为当事人实现债权的费用项下。同时，江苏省高级人民法院、江苏省司法厅印发《关于开展律师调解工作的实施意见》，明确指出应"积极发挥诉讼费用杠杆作用。……一方当事人无正当理由不参与调解，或者有明显恶意导致调解不成的，人民法院可以根据具体情况对无过错方依法提出的赔偿合理的律师费用等正当要求予以支持"。

浙江省是此类案件数量仅次于江苏省的省份，2009年浙江省高级人民法院民三庭印发《关于审理网络著作权侵权纠纷案件的若干解答意见》的通知指出，为制止侵权行为而支付的合理费用一般包括调查取证费用和律师费。与此同时，广东省、上海市、福建省也有关于律师费负担的地方性法规或司法指导意见。

（三）当事人提出律师费转付请求案件的案由情况

对2001年至2019年7月期间全国裁判文书以"当事人请求"及"裁判结果"为关键词进行检索，结果显示，法院判决败诉方承担律师费的案件中，当事人明确提出律师费转付请求的民事案件的案由首先是合同、无因管理、及不当得利所引起的纠纷，总计292108件，占比高达92.53%。其次是侵权责任纠纷、人格权纠纷、劳动争议、人事争议等。具体情况如下页图。

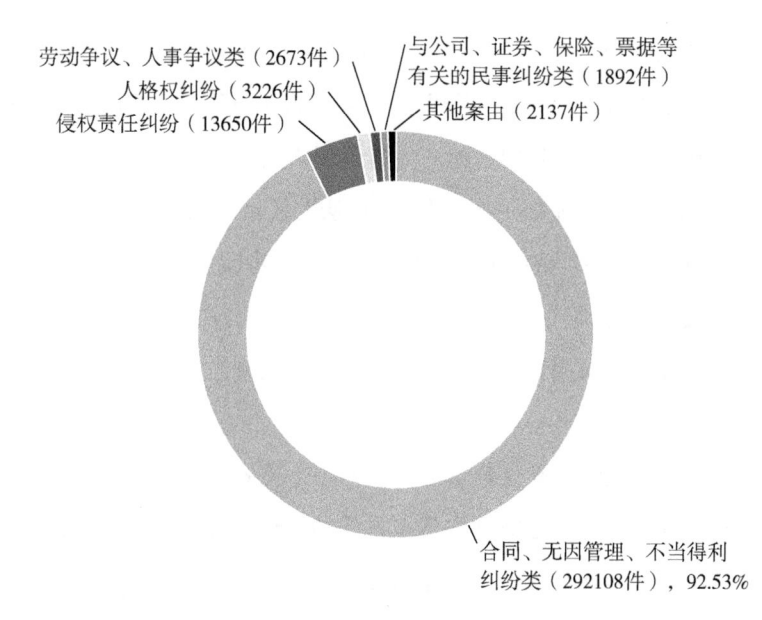

第二章 我国律师费转付制度的现状

劳动争议、人事争议类（2673件）
人格权纠纷（3226件）
侵权责任纠纷（13650件）

与公司、证券、保险、票据等有关的民事纠纷类（1892件）
其他案由（2137件）

合同、无因管理、不当得利纠纷类（292108件），92.53%

如果将目光聚焦于合同、无因管理、不当得利纠纷，通过限定案由查询案件可以得到如下数据：

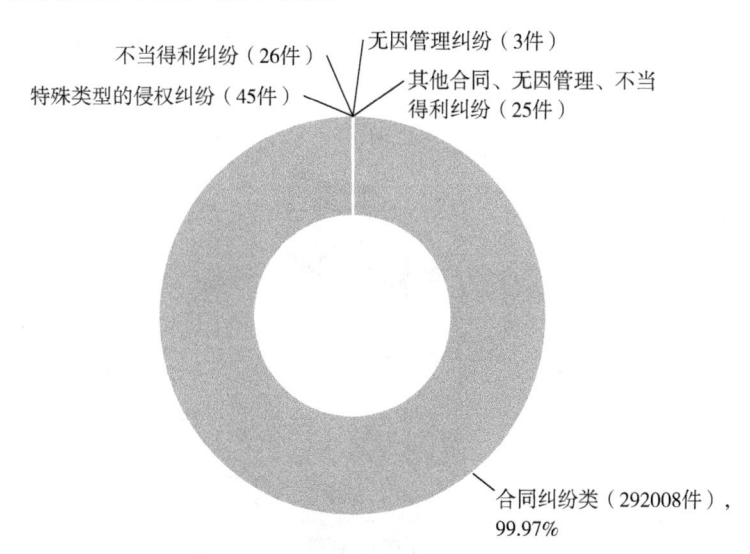

不当得利纠纷（26件）
特殊类型的侵权纠纷（45件）

无因管理纠纷（3件）
其他合同、无因管理、不当得利纠纷（25件）

合同纠纷类（292008件），99.97%

可以看出，在合同、无因管理、不当得利纠纷中，法院判决败诉方承担律师费的案件中，当事人明确提出律师费转付请求的合同纠纷

>>> 关于推进律师费转付制度的调研报告

案件总计292008件，占这一类纠纷的比例达99.97%。究其原因，主要是因为《合同法》第113条规定："当事人一方不履行合同义务或者履行合同义务不符合约定，给对方造成损失的，损失赔偿额应当相当于因违约所造成的损失……"最高人民法院通过1999年发布的《〈合同法〉司法解释一》第26条的规定予以进一步明确，"债权人行使撤销权所支付的律师代理费、差旅费等必要费用，由债务人负担……"就此，法院可以根据合同法及司法解释判决支持当事人的律师费转付诉讼请求。

同时，合同纠纷案件数量居高，另一个重要原因是当事人在签订合同时，存在事先约定律师费负担方式的情形。合同当事人在签订合同时，可将律师费列入违约赔偿内容中，甚至可以将律师费的承担方式、承担标准也详细列明。在这种情形下，法院通常会依据当事人意思自治的原则，根据合同的约定判定律师费的承担方式。

本研究报告尝试在合同纠纷案件中进一步细化研究，将案由限定于合同纠纷类，得到如下数据：

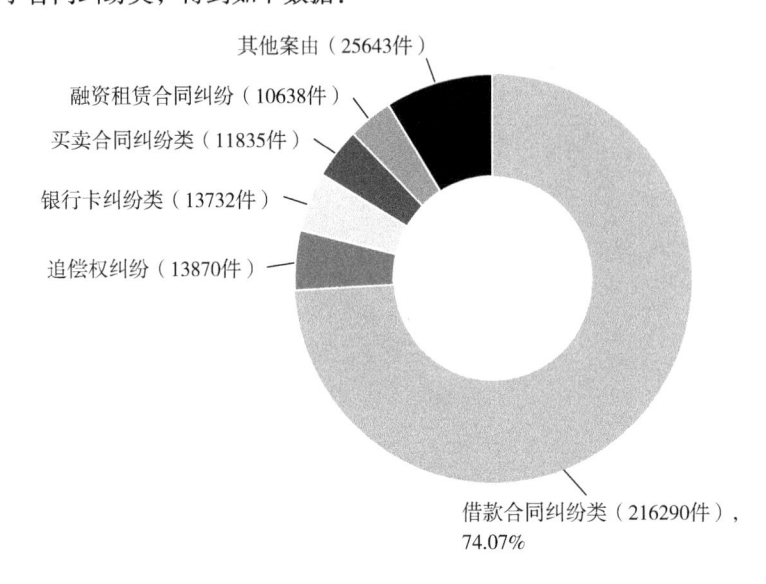

其他案由（25643件）
融资租赁合同纠纷（10638件）
买卖合同纠纷类（11835件）
银行卡纠纷类（13732件）
追偿权纠纷（13870件）
借款合同纠纷类（216290件），74.07%

第二章 我国律师费转付制度的现状

可以发现，合同纠纷中最多发的案件是借款合同纠纷案件，共计216290件，占74.07%。其次是其他案由、追偿权纠纷、银行卡纠纷类、买卖合同纠纷类。通过对裁判文书中判决理由的分析，在支持由败诉方承担律师费的316052件案例中，法院依据当事人协议约定了双方律师费承担方式而判决支持由败诉方承担律师费的案件共计153479件，占比近49%。再次通过全文检索"借款合同"后发现，在法院依据当事人协议约定的双方律师费承担方式判决支持由败诉方承担律师费的案件中，借款类合同将近110095件，占比高达72%。据此可知，在合同纠纷中，借款合同双方当事人关于律师费的负担约定更为频繁，因此法院在此类案件中支持由败诉方承担律师费也具有了更大的可能性。

（四）支持由败诉方承担胜诉方律师费案件的审理情况

通过对当事人提出律师费转付请求案件的裁判文书进行统计，在法院支持由败诉方承担胜诉方律师费案件中，一审案件有311677件，二审案件有4029件，再审案件有251件，执行案件有13件，其他案件82件。此类案件审理法院的审级情况如下图：

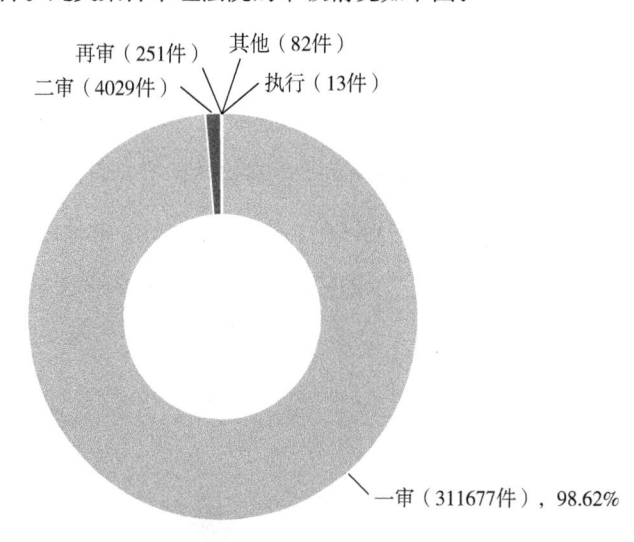

再审（251件） 其他（82件）
二审（4029件） 执行（13件）

一审（311677件），98.62%

· 031 ·

>>> 关于推进律师费转付制度的调研报告

在一审裁判结果中对案件进一步细分，得到如下结果：全部/部分支持的案件共310102件，占比为99.49%。全部驳回的有1519件，占比为0.49%。撤回起诉的有42件，占比为0.01%。如下图所示：

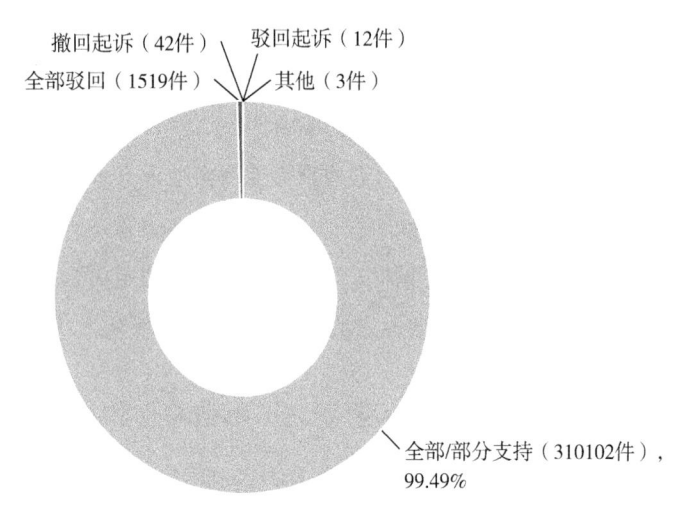

撤回起诉（42件）　驳回起诉（12件）
全部驳回（1519件）　其他（3件）

全部/部分支持（310102件），
99.49%

据此，我们可以得出如下结论：若当事人之间曾协议约定律师费的负担问题，则法院通常会根据当事人的约定支持由败诉方承担律师费的诉求；若某一类纠纷有明确的法规或司法指导意见对"律师费"的承担有较为明确的规定，法院通常也会支持当事人的诉讼请求，但是在这种情况下，法院有较大的自由裁量权。

通过对二审裁判结果进行分析：在当前条件下改判的有3944件，占比为97.89%；维持原判的有45件，占比为1.12%；其他的有31件，占比为0.77%。由此可见，二审法院对律师费的改判情况较为少见，具体情况如下。

第二章 我国律师费转付制度的现状

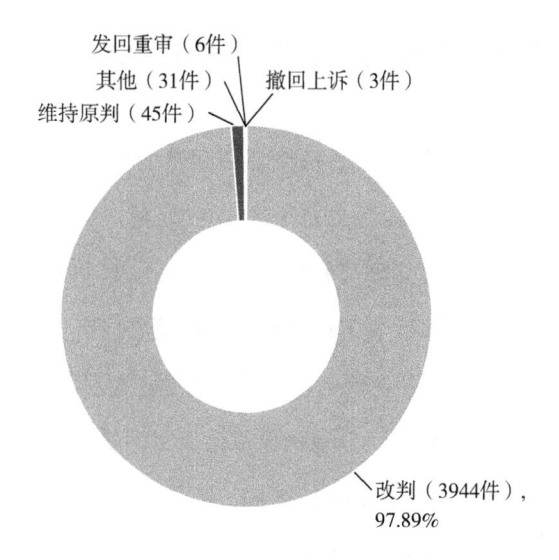

发回重审（6件）
其他（31件）　撤回上诉（3件）
维持原判（45件）

改判（3944件），
97.89%

综上所述，针对2001年至2019年7月期间全国范围内可公开检索的民事案件进行统计，结果表明：2019年7月前当事人提出律师费转付请求并且法院予以支持的裁判文书共计316052件。2012年以后，此类案件的数量逐年递增，并且增幅较大。但不可否认的是，相较于已公开的全部裁判文书，当事人提出律师费转付请求并且法院予以支持的案件所占比例仍较少。究其原因，主要在于目前我国尚未确立统一的律师费转付制度。从地域分布来看，江苏省、浙江省、广东省、上海市在案件数量上较为领先，原因在于这些地区关于律师费转付的地方性法规和司法指导意见催生了律师费转付制度的萌芽。通过对此类案件的案由进行分析发现，借款合同纠纷的案件比例最高，客观原因在于借款合同中当事人通常会约定双方律师费承担方式，法院亦会根据当事人意思自治的原则，判决由败诉方承担律师费用。而针对裁判结果的分析也证明了上述观点，即在当事人对律师费的承担事先约定及有相应规定的前提下，法院对律师费转付请求的支持率增高。

三、我国法院对律师费承担的裁判思路

基于我国法院对败诉方承担律师费案件的数据分析，2001年至2019年7月，民事案件裁判文书约达5706万篇，而其中法院判决支持由败诉方承担胜诉方律师费的案件裁判文书仅约31.6万篇。据此可知，法院不予支持当事人关于律师费的诉讼请求或者当事人未提出此项诉讼请求的裁判文书的比例高达99%。因此，在我国的司法实践中，当事人对律师费的负担以"分别承担律师费"为基本原则，法院判决"败诉方承担律师费"的情况仅占较小比例，下文就法院的裁判思路从法律规范与实践情况等方面分别进行讨论。

（一）承担律师费的基本原则

1. 以"分别承担律师费"为原则

法院一般对胜诉方要求由败诉方承担律师费的诉讼请求不予支持，裁判理由主要有以下几种：

（1）合同双方并未对律师费的承担进行约定

在合同双方并未对有关律师费用的承担问题进行约定的情况下，如果产生纠纷并进入诉讼程序，法院对于当事人所提出的由败诉方承担律师费用的请求一般会以当事人之间并未有关于律师费承担的约定为由驳回。例如，（2016）浙07民终1520号判决认为，"双方协议中因未对协议履行过程中诉讼费、律师费用的承担作特别约定，故陈德宝要求安文镇政府承担诉讼费和律师费用无事实与法律依据，不予支持"。

（2）虽然合同中约定由败诉方承担"损失"，但律师费被认定不属

于"损失"。

在司法实践中各级法院对律师费是否可以被我国《合同法》第113条规定的"违约导致损失"所包含理解不一，导致尽管当事人在合同中有"因违约给对方造成任何损失应予以赔偿"的约定，但仍有可能被法院认定律师费的承担并不属于合同中所约定的"损失"，从而出现该项诉讼请求被驳回的情况。例如，（2014）黄浦民一（民）初字第3010号判决认为"郑甲与被告宫某虽在2011年10月6日的还款协议中约定宫某应承担郑甲的任何损失，但该'损失'不应扩大理解为两原告提起本次诉讼所支付的律师服务费，故本院对于两原告要求被告宫某支付律师服务费22000元的诉请，不予支持"。

（3）律师费并非主张权利的必然支出费用

无论是侵权纠纷案件，还是合同纠纷案件，法院通常会以律师费用并非权利人维权所必然支出的费用为由驳回胜诉方的该项诉讼请求。例如，（2017）宁01民终1527号判决认为"对于原告主张的律师费损失，因并非其主张权利的必然支出，本院不予支持"；（2009）广海法初字第121号判决认为"对于粤储物流公司主张的律师费，双方当事人没有明确约定，且聘请律师不是参加诉讼的必需行为，律师费并非必然发生的费用，粤储物流公司的此项请求没有事实依据和法律依据，不予支持"。

（4）胜诉方主张缺乏法律依据

从我国的立法现状来看，我国并未在程序法中专门规定律师费转付制度，而只是在最高人民法院关于诉讼程序的政策性文件、相关仲裁程序规则以及相关实体法中有所体现。当当事人所涉纠纷并不属于上述规定所涉及的范围时，法院就会以胜诉方主张缺乏法律依据为由驳回该项诉讼请求。例如,(2014)洛民终字第508号判决认为"关于二原告要求的律师费,并未有相关法律规定,于法无据,故依法不予支持";(2004)沪高民三(知)终字第134号判决认为"我国《民法通则》并无侵权人应当承担被侵权人为诉讼支出的调查费、律师费等费用的相关规定。本院《关于民事案件审理的几点具体意见》的有关规定并不能适用于本案。原审法院根据本案事实,依法对上诉人要求被上诉人支付公证费、律师费等费用的诉讼请求不予支持,并无不当"。

(5)胜诉方在缔约过程中亦存在过错,律师费应自行负担

在缔约过失责任纠纷中,尽管当事人其中一方胜诉,但并不必然由败诉方承担律师费用。原因在于,尽管其取得胜诉,但其自身在缔约过程中也存有过错,不能将缔约过失责任的不利后果完全归咎于败诉方,法院综合考量后会对其要求败诉方承担律师费的诉讼请求予以驳回。例如,(2014)长中民二终字第01394号判决认为"关于律师费,基于某某工程公司在明知中标违法的情况下继续磋商,在此期间产生的该项费用应自行负担,故对此项主张不予支持"。

(6)胜诉方未提供律师费已实际产生的证据

通过检索相关案例,对于胜诉方要求的由败诉方承担律师费的请求予以驳回的原因还可以是并未提供相关的证据证实律师费用已经实际产生。常见的情形是,胜诉方不能提供委托代理合同、律师事务所出具的发票、银行转账流水等。例如,(2015)赣中民三终字第532号判决认为"原告要求两被告承担因本案支付的律师费10000元,因原告未提交相关证据予以证实,对原告的该诉讼请求,不予支持"。

2. 以"败诉方承担律师费"为例外

法院判决由败诉方承担律师费的极少数案件主要集中于以下几种

情况：

（1）合同中约定了律师费的承担

实践中，当事人会在合同中提前约定关于律师费承担的条款。例如，借款合同中约定"借款人违约致使贷款人采取诉讼、仲裁等方式实现债权的，借款人应当承担贷款人为此支出的诉讼费、仲裁费、通知费、催告费、律师费、查询费、差旅费等实现债权的费用"；保证合同中约定"保证范围为主合同项下债权本金、利息、逾期利息、逾期罚息、复利、滞纳金、费用、履行主合同或担保合同过程中发生的费用、债权人实现债权的费用（包括但不限于诉讼费用、律师费用、差旅费用、通知费用、催告费用和其他相关费用）"。在合同中已对律师费承担问题进行提前约定的情况下，基于意思自治的原理，对于胜诉方在诉讼中所提出由败诉方承担律师费的诉讼请求，法院一般会予以支持。例如，（2014）浙甬商终字第369号判决（指导案例57号）认为"温州银行与创菱电器公司之间签订的编号为温银9022011企贷字00542号借款合同合法有效，温州银行发放贷款后，创菱电器公司未按约还本付息，已经构成违约。原告要求创菱电器公司归还贷款本金250万元，支付按合同约定方式计算的利息、罚息，并支付原告为实现债权而发生的律师费95200元，应予支持"。

（2）基于相关法律及司法解释或其他法律文件的明确规定

在知识产权侵权案件中，主要涉及专利侵权纠纷、著作权侵权纠纷和商标权侵权纠纷，法院一般依据《专利法》第65条、最高人民法院《关于审理专利纠纷案件适用法律问题的若干规定》第22条、《著作权法》第49条、最高人民法院《关于审理著作权民事纠纷案件适用法律若干问题的解释》第26条、《商标法》第63条、最高人民法院《关于审理商标民事纠纷案件适用法律若干问题的解释》第 17 条中规定的权利人所主张费用中可包含"制止侵权所需的合理费用或合理开支""人民法院根据当事人的诉讼请求和具体案情,可以将符合国家有关部门规定的律师费用计算在赔偿范围内",对胜诉方提出的由败诉方承担律师费的诉讼请求予以支持。例如,(2016)粤民终 1390 号判决认为"VMI 荷兰公司购买侵权产品并公证保全证据实为必要;VMI 荷兰公司为国外企业,聘请律师提供国内维权代理服务亦属必需;律师代理服务的内容包括(不限于)证据搜集、申请行政调处和提起民事诉讼等,而上述服务项目已实际提供,故总额 182400 元的律师代理费亦属合理"。

在反不正当竞争纠纷案件中,《反不正当竞争法》第 17 条第 3 款规定"……赔偿数额还应当包括经营者为制止侵权行为所支付的合理开支";最高人民法院《关于审理不正当竞争民事案件应用法律若干问题的解释》第 17 条第 1 款规定"确定反不正当竞争法第十条规定的侵犯商业秘密行为的损害赔偿额,可以参照确定侵犯专利权的损害赔偿额的方法进行;确定反不正当竞争法第五条、第九条、第十四条规定的不正当竞争行为的损害赔偿额,可以参照确定侵犯注册商标专用权的损害赔偿额的方法进行",而根据最高人民法院《关于审理专利纠纷案件适用法律问题的若干规定》第 22 条及《关于审理商标民事纠纷案件适用法律若干问题的解释》第 17 条第 2 款的规定,人民法院根据当事人的诉讼请求和案件具体情况,可以将符合国家有关部门规定的律师费用计算在赔偿范围内,因此在不正当竞争纠纷案件中,法院对于胜诉方所提出的由败诉方承担律师费的诉讼请求一般会予以支持。例如,(2019)京 73 民终 1209 号判决认为"原审法院在中国机械设备公司未能提供证据证明其实际损失,亦未提供证据证明中设设计集团因侵权所获得的利益的情况下，综合考虑中国机械设备公司的知名度和影响力、中设设计集团侵权行为的性质、情节、持续期间、范围以及主观过错程度等因素酌情确定赔偿50万元的经济损失及根据中国机械设备公司提供的律师费发票和公证费发票确定赔偿合理支出，并无不当，本院予以支持"。

在担保类案件纠纷中，主要包括保证合同纠纷、抵押权纠纷、质权纠纷以及留置权纠纷。《担保法》的第21条、第46条、第67条、第83条分别对保证、抵押、质押和留置担保的范围进行了规定，即"担保的范围包括实现债权的费用"。但对于律师费是否属于上述规定中的"实现债权的费用"，各级法院的裁判意见并不统一，产生了很大争议。有的法院认为律师费属于"实现债权的费用"，例如，（2016）云民终230号判决认为"洁乐公司基于合同约定及本案违约事实，应承担华夏银行玉溪支行为实现本案债权所支出的合理费用。律师费亦属本案实现债权的费用范围"。但也有法院认为律师费不属于"实现债权的费用"，例如，（2016）苏民终972号判决认为"虽然《保证合同》约定，担保范围包括省招标公司实现债权的费用，但省招标公司与广庆新材料公司之间的委托协议中对此并无明确约定，《保证合同》作为委托协议的从合同，担保的范围不应超过主合同的债务范围，担保人未经主债务人同意与债权人作出的加重主债务人负担的约定，对主债务人无拘束力，因此，广庆集团公司仅应为广庆新材料公司的案涉债务承担连带保证责任，而不包含律师费"。

在债权人行使撤销权的案件中，由于《〈合同法〉司法解释一》第26条对于律师费的承担问题进行了明确的规定，即"债权人行使撤销权所支付的律师代理费、差旅费等必要费用，由债务人负担"，因此，在该类案件中，法院一般会支持作为胜诉方的债权人要求败诉方承担律师费的诉讼请求。例如，（2017）最高法民再 92 号判决认为"依据北京市金杜律师事务所 2008 年 12 月 15 日出具的发票，以及国富公司出具的法律专业服务费用说明等证据，应认定国富公司支付了人民币 57 万元律师费，并有其他合理费用开支约人民币 3 万元。这些费用属于上述法律规定的行使撤销权的必要费用，国富公司主张隧道公司应承担上述费用，本院予以支持"。

（二）律师费承担原则的转折点

1. 突破"败诉方承担律师费"须由合同明确约定的第一案

在广东省某区人民法院就"某某基金管理有限公司（以下简称基金管理公司）诉山东某水泥集团有限公司（以下简称水泥公司）债券交易纠纷案"作出判决之前，法院在没有特别约定也没有相关法律文件特别规定的情况下支持胜诉方提出的由败诉方承担律师费诉讼请求的案件偶有发生。（2006）杭民三初字第 429 号判决认为"对于大某公司要求游某某赔偿公证费 1000 元、律师费 3000 元的诉讼请求，因大某公司为追究游某某的违约责任已支付上述费用且费用在合理的范围内，予以支持"；（2017）川民终 68 号判决认为"福建某某公司因处理恒某某公司在'天府明珠'项目上的法律事务所支付的律师费，以及福建某某公司被冻结的 420 万元和 105 万两笔账户资金的利息损失等，均应认定为恒某某公司的不当行为给福建某某公司造成的损失，应由恒某某公司予以赔偿"。

但鉴于"基金管理公司诉水泥公司债券交易纠纷案"的典型性，一般将该案作为突破"败诉方承担律师费"需合同明确约定的第一案。

在该案中并未出现符合实体法中对律师费承担问题作出明确规定的情形，而且当事人也并未在合同中约定关于律师费承担问题的相关条款，但最终法院还是支持了胜诉方主张的由败诉方承担律师费用的诉讼请求。鉴于此案的重要性，现将该案情况介绍如下[①]：

2015年，由原告基金管理公司某某2号资产管理计划的基金管理人诉被告水泥公司债券交易纠纷案中关于律师费转付的请求，经广东省某区人民法院作出一审判决：被告方向原告赔偿本金3000万元、支付违约金、赔付律师费30万元。宣判后，各方当事人均未上诉，判决已产生效力。在本案中，被告是否应承担原告的律师费问题也是争议的焦点之一。原告提出由于被告的违约行为导致原告支出了不应承担的律师费用，该合理支出应由违约方被告承担。被告抗辩称原告诉求中的律师费没有合同依据、法律依据，本案并非必须通过诉讼才能解决，律师费并非原告因被告违约而必然产生的损失。

广东省某区人民法院在判决中对此作出详细说明。结合本案的实际情况，关于原告诉请被告支付律师费损失可以细分为两个问题：一是原告诉求被告支付律师费是否存在正当性和合理性；二是如果原告的诉求正当且合理，律师费数额应如何确定。

（1）对原告诉求律师费是否正当、合理，可从三个方面分析评判：原告诉求律师费的法律依据；原告提起本案诉讼、聘请律师代理其诉讼是否正当合理；当事人在本案中存在的过错。

①关于败诉方承担律师费的法律依据。《民法通则》第112条第1款规定，"当事人一方违反合同的赔偿责任，应当相当于另一方因此遭

[①] （2016）粤0391民初903号。

受到的损失。"《合同法》第 107 条规定,"当事人一方不履行合同义务或者履行合同义务不符合约定的,应当承担继续履行、采取补救措施或者赔偿损失等违约责任"。第 113 条第 1 款规定,"当事人一方不履行合同义务或者履行合同义务不符合约定,给对方造成损失的,损失赔偿额应当相当于因违约所造成的损失……"本案中,涉案的 15 山水 SCP001、15 山水 SCP002 本应分别于 2015 年 11 月 12 日、2016 年 2 月 14 日兑付本息,但被告除逾期兑付债券利息外,未向原告返还涉案二期融资债券的本金、支付违约金,存在严重的违约行为,给原告造成了严重的经济损失,原告诉请被告支付因其违约行为而造成的律师费损失于法有据。观诸我国的司法实践,律师费是否由败诉方承担,过往裁判现状整体趋于保守,主要局限于三类情形:有关规定明确规定由败诉方承担,如最高人民法院在审理著作权纠纷案件、商标权纠纷案件的有关规定中就明确人民法院根据当事人的诉讼请求和案件的具体情况,可以将符合国家有关部门规定的律师费用计算在赔偿范围内;有所规定但不明确,赋予裁判机关酌定权;当事人约定由败诉方承担。第一种、第二种情形反映了过往司法者体察特定类型案件(比如著作权民事纠纷、商标权民事纠纷等)的专业性、复杂性,仅依赖当事人自身力量难以有效维护其合法权益,故将当事人维权过程中寻求法律专业服务的合理支出纳入"赔偿损失"范围内。2016 年 9 月,《意见》出台规定,"引导当事人诚信理性诉讼。加大对虚假诉讼、恶意诉讼等非诚信诉讼行为的打击力度,充分发挥诉讼费用、律师费用调节当事人诉讼行为的杠杆作用,促使当事人选择适当方式解决纠纷。当事人存在滥用诉讼权利、拖延承担诉讼义务等明显不当行为,造成诉讼对方或第三人直接损失的,人民法院可以根据具体情况对无过错方依法提出的赔偿合理的律师费用等正当要求予以支持"。该项规定表明律师费由败诉方承担不再局限于特定类型案件、当事人约定的情形，已拓展至各类型案件。该条规定一方面就是否支持律师费诉求具体赋予裁判机关以酌定权，另一方面亦就当事人诉讼行为有无不当加诸裁判机关以审查职责。因此，无论是《合同法》的规定，还是最高人民法院的司法政策，裁判机关在此问题的处理上均有法律依据。

②关于原告提起本案诉讼、聘请律师代理其诉讼是否正当合理。涉案二期募集说明书第十章违约责任和投资者保护机制第1条发行人违约责任约定，"发行人如未履行超短期融资券还本付息……如双方出现争议且不能协商解决，可依法向人民法院提起诉讼"。在被告拒不履行还本义务、承担违约责任的情况下，原告以诉讼方式主张权益，具有合同依据、法律依据，并无不当。涉案的募集说明书系单方制定，具有格式条款的性质，原被告双方并没有对有关争议解决的内容事前协商，原告亦没有在事前就该募集说明书中对律师费的分担与被告进行约定，被告以原告诉请律师费的损失没有合同依据理据不足。被告主张本案并非必须通过诉讼才能解决，但未提供证据加以证明，相反，被告在2017年2月21日的庭前会议上允诺分期偿付本息、会后15日内提出调解方案，但被告并未有履约担责的行为，辩称本案并非必须通过诉讼才能解决，缺乏事实依据。

随之而来的问题是本案原告寻求法律专业服务的合理性。

原告作为基金管理公司，其业务范围并不包括法律服务，故无从假定原告具备与专业法律人士相当的法律素养。本案中，被告委托专业律师代理提起管辖权异议、管辖权异议上诉，在涉案债券付息时间、违约金计算基数，乃至原告主体资格等一系列问题上提出异议，对原告举示的证据大部分不予认可。本院理解被告维护自身利益的意图，但上述诉讼情景，原告若无专业法律人士介入，在缺乏诉讼技能、法律专业知识的情况下亦难以正确应对被告诉讼代理人及被告的抗辩，最终难以维护其合法权益。

当今，诉讼当事人法律知识、能力的滞后难以与法律与诉讼日益专业化发展的趋势相适应，在诉讼过程中聘请律师填补自身诉讼能力的空白已经成为民事诉讼中原被告的普遍选择。

在考量本案律师代理合理性的问题上，不仅要关注案情本身的疑难复杂程度，更要关注诉讼客观情势以及当事人诉讼能力的平衡程度。以被告亦聘请专业律师作为诉讼代理人的视角来观察，亦可反证原告聘请律师作为诉讼代理人以维护自身合法权益之合理性。

再者，本案起诉的标的金额高达3100多万元，案件的类型亦是具有高度专业性的公司债券交易纠纷，诉讼费用亦接近20万元，案件的审理结果与当事人的经济利益密切相关，原告为保障实现自己的合法权益，聘请专业律师为其提供专业的法律建议，规避诉讼风险，具有充分的合理性与正当性。

被告辩称原告的律师费支出并非必然损失，既缺乏事实依据，又不符合实际情况。原告因处理本案纠纷产生的律师费支出应在"赔偿损失"范围内。

③关于当事人在本案中存在的过错。本案于2016年5月27日立案后，被告提出管辖权异议，本院裁定驳回异议，被告提出上诉，广东省深圳市中级人民法院裁定驳回上诉。被告水泥公司提出管辖权异议的理由在于本案被告水泥公司的住所地在济南，且案件的争议标的超过2000万元，故本案应由山东省济南市中级人民法院管辖。本案系

公司债券交易纠纷,因合同纠纷提起的诉讼,依法可由被告住所地或者合同履行地的人民法院管辖,原告基金管理公司以信息网络方式购买被告水泥公司发行的公司债券,基金管理公司的住所地即为合同履行地,本院对本案依法具有管辖权。被告水泥公司虽然享有提出管辖权异议的权利,但其管辖权异议的申请明显缺乏事实和法律依据,其行为存在恶意拖延诉讼、浪费司法资源的故意。2017年2月5日举证期限届满,2017年2月21日本院召开庭前会议梳理诉辩意见、组织证据交换,2017年3月30日庭审中被告当庭提交书证付息兑付通知书、网上银行电子回执,庭审中临时提出调查取证的口头申请。本院经审理认为,涉案事实清楚,被告作为涉案债券发行人、本案当事人,存在严重的违约行为,对本案诉讼争议的发生存在严重过错,其应当比本院更清楚应承担的诉讼义务,在其未依约定履行合同义务后,被告不但未主动寻求适当方式解决纠纷,反而滥用诉讼权利、拖延承担诉讼义务,造成原告巨额资金被继续拖延占用、司法资源被不必要地浪费。现无过错方——原告提出赔偿合理的律师费用,为引导当事人诚信理性诉讼,本院对原告的诉求依法予以支持。

(2)关于律师费数额的确定问题,可以从两个方面分析评判:原告诉求律师费的金额是否符合律师收费标准;律师费合理金额的确定是否受有无实际支付影响。

①律师费金额是否合理。根据广东省物价局、司法厅《律师服务收费管理实施办法》(粤价〔2006〕298号),以本案《委托代理合同》约定之标的金额3100万元为基数,计得应收律师费用为47.5万—48.2万元,上下可浮动20%,得38万—57.84万元。现原告主张律师费用30万元,不足立案标的金额的1%,亦低于律师收费标准下限38万元,

且该标准出台距今已十年，本案显然不存在诉求律师费偏高不合理的问题；另外，如前所述，本案诉讼的产生系被告未依照约定按期兑付债券本息，本院对原告的诉讼请求亦基本予以支持，原告在本案中并不存在过错，其应本案诉讼产生的律师费损失亦应由被告足额偿付。

②诉求律师费是否应以实际已支付金额为限。本院认为，诉求律师费是否应以已付金额为限，关键仍应考察律师费金额是否合理、当事人是否确实承担了律师费支出这两个问题。本案律师费主张金额合理，不再赘述。当事人是否客观承担了律师费支出，不应人为排除待付金额，仅仅局限于已付金额。理由是：既然认定律师费金额合理，且委托代理合同明确约定分期支付律师费，分期支付方式亦不违反法律法规、行业惯例，在无相反理据的情况下，可推定待付律师费将得到支付，亦为原告之部分损失。臆测待付金额不会得到支付，人为将诉求律师费金额局限于已付金额，明显缺乏事实根据。因此，鉴于原告主张之律师费金额合理，且该费用确为原告之损失，本院对其诉求予以足额支持。

从广东省某区人民法院对基金管理公司与水泥公司债券交易纠纷案所作判决中，我们可以看出，判决"败诉方承担律师费"的合理性以及律师费数额时法官所考虑的因素主要是：

①关于败诉方承担律师费是否具有合理性，应重点考虑"法条依据""原告因提起本案诉讼而聘请律师代理其诉讼是否正当合理""当事人在案件中是否存在过错"等因素。

关于法条依据，广东省某区人民法院依据的是《民法通则》第112条和《合同法》第107条、第113条中关于合同违约损害赔偿的规定。换言之，广东省某区人民法院认为《民法通则》和《合同法》中规定的当事人一方因违约给对方所造成的"损失"，可将非违约方为此支出的律师费包含在内。

关于原告因提起诉讼而聘请律师代理其诉讼是否正当合理，广东省某区人民法院认为在原告自身不属专业法律人士的情况下，聘请律师介入案件纠纷确属其维权所必要支出，而且在被告一方也聘请律师的情况下，从双方诉讼能力的平衡角度考量，也应认为原告因提起本案诉讼而聘请律师代理具有正当性和合理性。

关于当事人在案件中是否存在过错，广东省某区人民法院认为在被告自知已经合同违约的情况下，不但未积极采取有效的措施以解决纠纷，反而滥用诉讼权利、恶意拖延诉讼以及拖延承担诉讼义务，应认定被告在本案中存在严重过错。

②关于如何确定律师费数额的问题，应重点考虑"原告诉求律师费的金额是否符合律师收费标准""律师收费的合理性""当事人是否客观承担了律师费支出，不应人为排除待付金额"等因素。

律师费数额的确定应注意两个方面：原告诉求律师费的金额是否符合律师收费标准；律师费合理金额的确定是否受有无实际支付的影响。对于前者，可以将《委托代理合同》中约定的代理费用与所在地物价局、司法厅出台的《律师服务收费管理实施办法》相对照，如果约定的代理费用符合该规定，一般可视为律师代理费用的金额符合规定标准。对于后者，也不应人为地排除《委托代理合同》中约定的待付金额，仅仅局限于已付金额。例如，如果《委托代理合同》中的当事人约定代理费用分期支付，在合同签订后先支付一部分费用，诉讼结束后再支付另外一部分费用。那么尽管在诉讼中，胜诉方的后一部分费用还未向其聘请的律师支付，但只要《委托代理合同》中约定的总律师费用合理，亦为胜诉方所遭受的损失，依法可要求败诉方承担所有的律师费用。

针对律师费的确定还需要附带说明的是，律师费与民间借贷案件规定的年利率不得超过24%的关系如何处理的问题。最高人民法院《关于审理民间借贷案件适用法律若干问题的规定》（以下简称《民间借贷规定》）第30条规定："出借人与借款人既约定了逾期利率，又约定了违约金或者其他费用，出借人可以选择主张逾期利息、违约金或者其他费用，也可以一并主张，但总计超过年利率24%的部分，人民法院不予支持。"由此引发的争议是，债权人主张由债务人承担的律师费是否属于该条中的"其他费用"？换言之，如果律师费属于该条中的"其他费用"，在"其他费用"本身或者与利息、逾期利息、违约金加总后超过年利率24%的部分，不应得到法院的支持。

实践中，法院一般认为律师费并不属于《民间借贷规定》第30条中的"其他费用"。例如，（2019）最高法民申1085号裁定认为"上述规定中的逾期利息、违约金或者其他费用应当是关于民间借贷中借用资金成本的相关费用，只有与资金成本紧密相关的相关费用才属于上述规定的范围，并非在借款合同中出现的所有费用都属于上述范围。本案中当事人约定的律师费系出借方为实现其债权而实际支出的成本，当事人明确约定由借款方承担，不属于借款资金费用。故一审、二审判决由地某公司承担具有事实与合同依据"；（2016）冀民终322号判决也认为"金某公司支付的律师费系其实际支出，非基于《借款担保合同》产生的收益，鸿某公司应承担该费用"。再者，即便可以适用《民间借贷规定》，该规定第30条所指的"其他费用"是指出借人为了提高利率标准而设定的与资金使用时间相关的资金占用费用，也不包括出借人实现债权支出的实际费用。

2. 广东省某区人民法院所作判决的影响

（1）判决"败诉方承担律师费用"的案件有所增加

虽然"自行承担律师费用"仍是当前的裁判主流，但在上述广东省某区人民法院这一判决作出后，各级法院的裁判思路出现了显著变化，即在既无合同约定，也无相关法律文件明确规定的情形下，法院支持胜诉方提出的由败诉方承担律师费的诉讼请求的案件增多。例如，（2017）桂01民终4098号判决认为"缔约过失责任的赔偿范围是信赖利益的损失，也就是品源公司因信赖合同的成立和生效所支出的各种费用。品源公司主张的利息损失、拍卖佣金、诉讼费、律师费、差旅费、资产评估费、租赁定金等均属于品源公司在订立和履行《抵债资产合同权益转让合同》时遭受的直接损失，一审判决予以支持并无不当"；（2017）苏民终1719号判决认为"对于DAC公司提出崔芹承担本案支出的律师代理费5万元的诉讼请求，因该费用系由于崔芹及戚峻豪、王同松恶意串通损及DAC公司利益，而迫使DAC公司不得不采取诉讼的行为以保护其合法权益。在诉讼过程中，DAC公司委托了代理人且支付了相应的律师费用，均是DAC公司本不应多支出的费用，应认定系DAC公司的损失，对此，作为有过错的崔芹应予以赔偿"；（2018）京0105民初3004号判决认为"现原告主张因督促被告履行其义务，花费差旅费和律师费，要求被告赔偿各项损失8000元，有事实依据，本院予以支持，因原告主张数额过高，本院结合已经查明事实予以酌定"。

（2）"自行承担律师费用"仍是当前的裁判主流

在广东省某区人民法院的上述判决作出后，虽然各级法院的裁判思路产生了一些变化，但不可否认的是，在既无合同约定，也无相关法律文件明确规定的情形下由当事人自行承担律师费用仍是当前的裁判主流。从最高人民法院裁判文书网公布的裁判文书的检索结果来看，自广东省某区人民法院于2017年5月25日作出判决后，2017年6月1日至2019年7月1日期间被公布的裁判文书约2738万篇。其中，胜诉方提出由败诉方承担律师费用的诉讼请求而被法院予以支持的裁判文书约18万篇，当事人自行承担律师费的案件占比仍高达99%。

（3）律师费实际支付标准的变化

在广东省某区人民法院所审理的"基金管理公司诉水泥公司债券交易纠纷案"判决作出之前，对于胜诉方所主张律师费中的待付金额，法院一般不予支持。例如，（2015）皖民二终字第00862号判决认为"委托代理协议约定吴林斌应支付20万元律师费，吴林斌实际支付10万元律师费，律师事务所开具了发票，故曹树平、中伟公司应承担律师费10万元。原审判决曹树平、中伟公司承担20万元律师费不当，本院予以纠正"。

广东省某区人民法院这一判决的开创意义主要在于对"律师费实际支付标准"的突破。该法院认为，对于胜诉方所主张由败诉方承担的律师费不应人为地排除待付金额，仅仅局限于已付金额。只要《委托代理合同》中明确约定的律师费分期支付方式不违反法律法规、行业惯例，在无相反依据的情况下，可推定待付律师费将得到支付，人为将诉求律师费金额局限于已付金额，明显缺乏事实根据。因此，胜诉方主张由败诉方承担包括待付金额在内所有律师费用的诉讼请求应得到支持。

在广东省某区人民法院的上述判决作出后，有的法院在此基础上有了进一步的突破，即尽管诉讼进行时《委托代理合同》项下的全部律师费用都尚未支付，但胜诉方依照《委托代理合同》必然要支付律师费用给其聘请的律师，对于胜诉方提出的由败诉方承担律师费用的诉讼请求也应得到法院支持。例如，（2018）川0683民初281号判决认为"原告提交了委托代理合同，其中的诉讼代理费80000.00元明确且必然会发生，也未违反关于律师费收费标准规定，应予支持"。

值得注意的是，即使是在合同中约定"律师费由败诉方承担"，法院也享有自由裁量权将该费用的数额进行相应调整，这是当前法院裁判思路的新变化。以最高人民法院于2018年10月29日作出的（2017）最高法民终907号判决为例，根据法院查明事实可知，当事人在合同中约定了律师费的承担问题，但并未约定具体金额或计算方式。后胜诉方主张其所支出的598万元的律师费应全部由败诉方承担，但法院综合考虑委托合同签订时当地的政府指导价以及本案的争议金额、案件难易、庭审次数和时长等因素，酌情确定败诉方应当承担的律师费为120万元。

综上，我国法院关于律师费承担问题的整体裁判思路是以"分别承担律师费"为原则，"败诉方承担律师费"为例外。尽管广东省某区人民法院审理的"基金管理公司诉水泥公司债券交易纠纷案"被视为突破"败诉方承担律师费"需合同明确约定的第一案，并对之后各级法院的裁判思路产生了一定影响，但该案裁判观点仍未成为当前的裁判主流。广东省某区人民法院审理的"基金管理公司诉水泥公司债券交易纠纷案"判决的开创意义在于对"律师费实际支付标准"的突破，即对于胜诉方所主张由败诉方所承担的律师费不应人为排除待付金额，仅局限于已付金额。此外，在对律师费与民间借贷案件中年利率不超过 24% 的关系处理上，处理的实质在于律师费是否属于《民间借贷规定》第 30 条中的"其他费用"，从目前裁判观点的梳理上看，法院一般认为律师费并不属于《民间借贷规定》第 30 条中的"其他费用"。

第三章

在我国推进律师费转付制度的
必要性之分析

第三章 在我国推进律师费转付制度的必要性之分析 <<<

根据我国的立法及司法现状，在分散的法律文件中越来越多地出现由败诉方承担律师费的相关规定，并且很多法院也作出了律师费由败诉方承担的相关判决。此外，从最高人民法院院长信箱对《关于国家考虑律师费由败诉方承担问题的答复》及最高人民法院《关于政协第十三届全国委员会第一次会议第 3944 号（政治法律类 409 号）提案的答复》来看，关于律师费转付制度的建立问题已经引起了最高人民法院的关注，而且在这两份答复中，最高人民法院也表明了态度，即"建立律师费用转付制度符合我国法律发展趋势，也符合我国社会发展需要，具有重要意义"。本调研报告在下文中将结合理论和实务的发展情况，讨论律师费转付制度在我国确立的必要性。

一、目前我国律师费支付制度存在的问题

律师凭借自己的专业知识为当事人提供法律服务，当事人通过律师来获取和维护自身的权利与利益，在合作中，当事人与律师产生纠纷最多的往往是律师费问题，深挖原因，与我国的律师收费制度缺陷有关。本调研报告从法律规定、司法实践情况、国际发展潮流三方面出发，深入分析我国当前律师费支付制度存在的问题。

（一）我国对律师费承担的法律规定中存在的问题

我国律师收费制度的发展大致经历了两个阶段：

第一个阶段，律师的收费标准模糊、形式单一。根据 1990 年制定的《律师业务收费标准》，律师属于"有身份的人"，即其服务行为代表的是国家而非个人，那么收费自然按照国家统一规定的法定标准进

行，大部分按件计酬，在涉及财产的民事、经济案件和刑事案件中主要按争议额的标的比例收费。至于按小时，或者协商收费适用的范围很小，也没有风险代理制度的规定，这一规定不仅不符合国际通行规则，同时也打击了律师的热情。这种单一的收费方式既未充分考虑当事人的承受能力，也不利于律师的成本补偿，更不利于提供优质的法律服务。

第二个阶段，制定律师收费的原则性规定。司法部和国家计委在1997年出台《律师服务收费管理暂行办法》，对律师收费作出了原则性的规定。但与1990年的《律师业务收费管理办法及收费标准》相比并无太大变化，并且全国统一的律师收费标准也迟迟没有出台，仍然实行1990年制定的标准。虽然在实践中律师试图实现与当事人协商收费，可是这种协商的效力并没有任何的参考依据，也没有得到司法部门的认可，因律师费问题引起诉讼时，法院甚至在判决中对律师主张的费用要求不予支持。从判决理由中不难看出，法院依据的依旧是1990年的收费标准，认为协商的费用太高才判决律师败诉。据此可以看出，在当时，律师与当事人协商收费的数额没有法律依据，不能得到法院的承认。

2000年以后，基于经济发展的要求和现实生活的实际需要，国家计委和司法部联合发文，要求在国家制定的律师服务收费标准下达之前，暂由各地制定律师服务收费临时标准。2001年12月，《上海市律师服务收费政府指导价标准》率先出台。此后，广东、湖南等20多个省份相继出台了本地区新的律师收费标准。从全国范围来看，有些地方适用自己制定的律师收费标准进行收费，偏远地区或没有及时制定标准的则仍以1990年的标准作为收费依据。并且由于各地情

第三章 在我国推进律师费转付制度的必要性之分析

况不同，有的实行计件收费，如上海；有的按风险代理收费，如湖南；还有的按主计件收费，如广东等。不同的收费标准造成了各地律师费各不相同的局面，这种情况归根结底是因为没有出台统一的收费标准。

随着改革开放，人民的生活质量和水平逐步提高，整个社会对法律服务的需求增大，质量要求增高。此时，顺应潮流地出现了资源组合、自收自支、高度自律、不要国家经费和编制的律师事务所。但在律师费承担方面的法律法规依旧存在一些问题：

1.《办法》第30条规定，"因律师服务收费发生争议的，律师事务所应当与委托人协商解决。协商不成的，可以提请律师事务所所在地的律师协会、司法行政部门和价格主管部门调解处理，也可以申请仲裁或者向人民法院提起诉讼"。这个规定存在问题：《办法》只是强调了关于律师收费导致当事人异议后提请申诉的权利，维护的依旧是当事人的权益，对"律师费用出现拖欠后，律师如何自救"并没有说明。因此，这与律师作为与当事人一样的民事主体，应该享有权利与义务且受到法律保护的要求并不一致，导致律师开展业务面临较多困难，也不利于律师合法权益的保护。

2. 我国《律师法》第40条第1项和第2项规定："律师在执业活动中不得有下列行为：（一）私自接受委托、收取费用，接受委托人的财物或者其他利益；（二）利用提供法律服务的便利牟取当事人争议的权益。"《律师执业行为规范》第45条规定，"律师和律师事务所不得利用提供法律服务的便利，牟取当事人争议的权益"。第46条规定，"律师和律师事务所不得违法与委托人就争议的权益产生经济上的联系，不得与委托人约定将争议标的物出售给自己；不得委托他人为自己或为自己的近亲属收购、租赁委托人与他人发生争议的标的物"。通过上述规定可以看出,我国的《律师法》更多是在对律师进行限制,而对律师合法权益的保护关注较少。

3. 随着我国法制建设的发展,律师服务的建设也取得了一定的成果,形成了诉讼费用减免制度、法律援助制度、个人律师事务所制度以及律师收费制度。可是在如何协调各个制度,尤其是我国律师服务可得性的制度保障上仍存在诸多问题。以《法律援助条例》(以下简称《条例》)和《办法》为例,《条例》中明确规定了法律援助的范围,例如,第10条第1款则规定:"公民对下列需要代理的事项,因经济困难没有委托代理人的,可以向法律援助机构申请法律援助:(一)依法请求国家赔偿的;(二)请求给予社会保险待遇或者最低生活保障待遇的;(三)请求发给抚恤金、救济金的;(四)请求给付赡养费、抚养费、扶养费的;(五)请求支付劳动报酬的;(六)主张因见义勇为行为产生的民事权益的。"第11条规定:"刑事诉讼中有下列情形之一的,公民可以向法律援助机构申请法律援助:(一)犯罪嫌疑人在被侦查机关第一次讯问后或者采取强制措施之日起,因经济困难没有聘请律师的;(二)公诉案件中的被害人及其法定代理人或者近亲属,自案件移送审查起诉之日起,因经济困难没有委托诉讼代理人的;(三)自诉案件的自诉人及其法定代理人,自案件被人民法院受理之日起,因经济困难没有委托诉讼代理人的。"

从以上法条中可以发现,"经济困难"是申请法律援助的条件之一,但经济困难的标准由省、自治区和直辖市人民政府根据当地的经济发展状况规定。2006年12月1日生效的《办法》明确许可了律师与委托人之间可以实行风险代理收费。将《办法》中禁止风险代理收费的情形和《条例》规定的援助范围进行比较,我们可以发现,在民事案件中,两者有很大部分是重合的,可以推测这一规定背后的思路是希望通过法律援助的方法解决"贫穷的人们打不起官司"的问题,却未注意到法律援助还需要符合"经济困难"这一先决条件,但现实是,在经济困难线以上的人们也未必负担得起高昂的司法成本。并且,法律援助制度没有覆盖《办法》中同样禁止风险代理收费的婚姻、继承案件和工伤赔偿案件,如此规定很可能是为了预防律师受经济利益的诱惑而损害司法利益。然而,律师采用的任何一种收费方式都会存在利与弊,因为不管结果如何,律师事先已收取了相关费用,并不能真正遏制不公平现象的产生。依靠降低律师费用来解决问题实际上会阻碍和损害那些不符合经济困难的标准、不属于法律援助情形,但也无法承担高昂的司法成本的人们诉诸司法来维护自己合法权利的权利。这不仅会打击律师从业的积极性,也在根本上损害了当事人诉诸司法的能力和机会。

(二)我国律师费承担制度在司法实践中存在的问题

目前我国经济发展速度加快,各行各业之间的协同合作度不断增强,随之逐渐增多的还有因为合作而产生的纠纷和矛盾,这就迫切需要法院改进审判方式,以提高审判质量与效率。但此目标的实现要求当事人在诉讼中发挥更为积极的作用,如负责搜集提供足以证实其主张的证据,就其诉讼请求能否成立与对方展开充分辩论等。然而,当前大多数当事人欠缺基本的法律知识与诉讼技能,倘无律师通过诉讼代理弥补这一欠缺,审判方式的改进工作将难以达到预期目标。在当前情况下,中国律师已经成为民主、司法的重要力量,是规则的参与者也是规则的促进者。

但目前我国的律师制度还不能很好地保障律师执业的顺利进行,最为明显的表现就是律师赖以生存的律师费的收取和保障面临困境。

>>> 关于推进律师费转付制度的调研报告

在经济发达地区,执业律师开展业务相对而言较容易,而在经济欠发达地区,律师的生存状态则不尽如人意,难以获得较好的发展,职业现状不容乐观。

我国《律师法》第35条第2款规定:"律师自行调查取证的,凭律师执业证书和律师事务所证明,可以向有关单位或者个人调查与承办法律事务有关的情况。"我国《刑事诉讼法》第40条也作了相似的规定。根据相关法律法规,律师调查取证持律师事务所证明和律师证即可,不必取得有关单位或个人的同意,但在实践中,律师取证仍极为艰难。

在刑事案件的庭审过程中,律师的辩护与检察院形成控辩对立,以查明真相,从而维护法律的正确实施。在激烈的庭审对抗中,证据是最有力的证明自身观点的武器,但控辩双方的地位明显不对等。

根据《律师法》的规定,律师在执业活动中提供虚假证据,隐瞒事实的要吊销律师的执业证书,严重时要依法追究其刑事责任,这些规定看来合理合法,但实践中存在对律师的要求过于苛刻的情况。如果律师故意提供虚假证据或隐瞒事实,应当承担相应的法律后果,但律师在不享有完全的调查取证权的情况下难以要求其对案件事实全面掌握,如果出于过失或难以避免的情况,不应让其承担如此严重的法律后果。

此外,律师费用一概由委托者本人负担的原则很可能导致人们对我国诉讼制度的公正性、科学性产生怀疑,从而削弱了法律的实施效果[①]:

律师费自我负担实质上限制了当事人诉讼权利的充分行使。如果

---

① 赵红学:《论民事经济诉讼中律师费用的负担》,载《甘肃政法学院学报》1995年第3期,第35—37页、第45页。

第三章 在我国推进律师费转付制度的必要性之分析

一概由委托人自行负担律师费用,那么在发生纠纷后,受害人欲通过诉讼维护其受损害的权益的时候,就必须以昂贵的费用为代价委托律师行使此权利,或者放弃委托权而自行行使诉讼权利。如前文所述,随着市场经济的发展,诉讼标的额不断增大,律师代理诉讼已成为一种普遍现象和必然趋势,当事人在诉讼中越来越离不开律师的帮助。但律师费用越来越昂贵,如果由委托人自己负担,那么权利人在权益受损时就是否聘请律师代理诉讼就很可能犹豫不决。不少权利人就是因为付不起这笔费用而被迫放弃委托律师代理诉讼的权利。然而,受害人自行行使诉讼权时需要投入大量的时间、精力、金钱,而且出于专业的限制,其辩论权、搜集证据权等重要的诉讼权利难以得到充分的运用,这会使我国法律赋予当事人的诸多诉讼权利失去实际意义甚至因为缺乏必要法律知识和诉讼技能遭遇败诉。

而委托律师进行诉讼,权利人虽然可以避免上述不利后果,但却要支付大笔费用,这对实体权益受害人也是极不公正的。因为进行诉讼及委托律师代理诉讼是实体权益受害人为全面维护自己权益而迫不得已的选择,如果没有侵权或违约行为的存在,就不会有纠纷的产生及诉讼的提起,自然也就不会涉及律师诉讼代理及代理费用的负担,那么其律师费用就只应由诉讼发生有责任者(即案件败诉方)负担。所以,律师费自我负担制度不能全面维护权利人的正当权益,也不能有效惩戒违法行为人,很可能妨碍诉讼目标的实现,亦必妨害公正合法之市场秩序的形成与维持。①

---

① 赵红学:《论民事经济诉讼中律师费用的负担》,载《甘肃政法学院学报》1995年第3期,第35—37页、第45页。

关于推进律师费转付制度的调研报告

结合律师在司法实践中的执业现状，加之我国实行的是谁委托谁付费的制度，在现实中就出现了截然相反的情况。一方面一部分人经济拮据但不在法律援助的范围内，又需要律师协助通过司法途径维护自身权益，但因目前不完善的律师收费制度，使得原本可以通过诉讼解决的纠纷和矛盾搁浅下来，最终进一步激化矛盾。而另一方面却不断出现有人滥用诉权、恶意诉讼的情况。而之所以有人敢滥用诉权、轻率起诉，甚至无理起诉，一个重要的原因就是法律对这类行为的制裁不够严厉，如果规定胜诉方律师费用由败诉方负担，无疑能大大加强制裁效果，促使当事人严肃认真地对待法律，力争避免违法；在纠纷形成后亦能迫使有过错的一方积极利用和解、调解等方式主动纠错，以免涉讼后徒增自己的负担。

（三）目前我国的律师收费制度不符合国际潮流和主流规则

结合我国律师收费制度的法律规定以及司法实践中存在的问题，我们应从我国的实际情况出发，借鉴和吸收发达国家对律师发展的经验，健全和改善我国的律师收费制度。

1. 英美法系的律师费支付制度

（1）英国[①]

英国是适用败诉转付规则的典型代表，其遵循的败诉方承担对方律师费这一原则历史悠久，甚至可以追溯至古罗马时代。在早期罗马法的

---

① 熊理思：《如果最终法院未支持一方立场，那他之前坚持自己的诉讼立场是一种错误吗？看英美律师费承担的不同规则》，载《人民法院报》2018年4月13日。

第三章 在我国推进律师费转付制度的必要性之分析

规定中，宗教领袖管辖民事纠纷，之后又由罗马政府管辖。直到东罗马帝国时期，出现了律师这一职业，此时的政府也开始制定越来越详细的律师收费规范。最开始，只有在恶意或故意以及轻视随意的诉讼中由败诉方赔偿胜诉方诉讼费用，东罗马帝国于公元前486年第一次宣布了这一规则，后来扩大到所有案件。半个世纪后，该规则被写入查士丁尼法典（Corpus Juris Civilis），对欧洲影响巨大，也得到了罗马天主教教会法和欧洲各国法院的认可。而现代意义上英国律师费转付制度的雏形可以追溯到1275年的格罗塞斯特法典（Statute of Gloucester）。一开始时败诉转付程序在结案后自动启动，但1875年的第55号指令将"自动启动"改为"是否启动需要经过法官自由裁量"，之后第64号指令又将其变为"半自动"——法官若有正当理由，可决定不启动这一程序，否则应启动这一程序，所以英国规则也叫败诉方付费原则。

目前，英国的民事诉讼规则以及民事诉讼指引都明确规定败诉方承担胜诉方的诉讼费用，这包括事务律师费、大律师费、证人的花费、专家费用等，胜诉方应于判决作出后向法院提交费用清单，列明费用的范围及原因，由法院评定具体数额，进而获得相关费用。这种规定背后的思维逻辑是：假如法院最后并没有支持一方的观点，那么未得到支持的一方所坚持的可能就是错误的。并且在诉讼过程中有任何开销未得到补偿，都会表示胜诉方没有完全"胜诉"。它要表达的意思很明显：首先，败诉方应支付的费用除了法院的诉讼费之外还有胜诉方的律师费；其次，不管在主观上是否有意，只要是事实上的败诉就足以让败诉方承担这些费用；最后，如果出现部分胜诉的情况，则应按比例分摊这些费用。

值得注意的是，在采用英国规则的国家，如果委托代理合同中签订的律师费高于法定的费率，高出的部分败诉方不用承担。该规则是目前国际上律师费承担的主流规则，即在案件审理结束后，败诉方需要对胜诉方的诉讼费用负责，包括大律师费、证人的花费、律师事务所费用，以及专家费和法院的相关费用等。此外，胜诉方想要拿到律师费用的补偿需要先向法院申请，并且也仅适用于法院要求的强制代理或者对方存在严重过错的情况，而且是在法院判决之后才能进行申请。至于费用涵盖的范围，胜诉方可以获得相关的诉讼费用，但不意味着胜诉方能获得全部的诉讼费用，这需要由评定官审定败诉人所负担的数额，并不是委托人与律师之间决定的费用数额。同时英国还有专门的律师费评定机构，最高法院诉讼费用处、家事法庭主登记处、枢密院司法委员会、上议院、区登记处、郡法院等都包含在内。法院对一方当事人是否承担他方当事人的诉讼费用（含律师费）、承担金额和承担的时间，拥有自由裁量权。当然，当事人也可以自由约定诉讼费用的负担事项。

而在仲裁领域，根据英国《仲裁法》第59条至第63条的规定，仲裁费用包括仲裁员的报酬和开支、相关仲裁机构的报酬和开支、当事人的律师费用和其他费用以及因确定可补偿之仲裁费用的金额的程序而产生的费用和杂费。当事人之间可自由约定仲裁费用的承担事项（包括由一方当事人承担全部或部分仲裁费用）。需要注意的是，当事人之间有关仲裁费用承担的协议应在争议发生之后订立，争议发生之前订立的协议无效。如果当事人之间并没有对费用进行事先约定，那么在仲裁时，可以当庭对他们之间的费用进行仲裁，一般由败诉方承担这些费用，假如仲裁庭认为，由一方当事人承担全部或者部分仲裁费用是不适当、不合理的，也可以裁决由对方当事人适当分担仲裁费用。假如当事人之间有关于仲裁费用承担的约定，那么仲裁费用一般不予再作裁决。另一种情况是仲裁庭对律师费用没有作出裁决，一方当事人通知对方当事人后可向法院提出申请，要求法院以判决或命令的形式对该仲裁费用作出认定。①

（2）美国②

最初，美国作为英国的殖民地，在律师费承担上也采用英国规则，英国规则甚至被明确规定在殖民时期的美国立法中。但后来这种英国规则被认为与美国"法院向公众开放"的诉讼理念不符，因此不予采用。在美国"让败诉方承担胜诉方的律师费"被认为旨在惩罚败诉方在曾经的失败诉讼中坚持了自己的"错误立场"，但不通过法院判决谁能知道自己的诉讼立场是否正确呢？所以在阿康贝尔诉怀斯曼案（Arcambel v. Wiseman）案件中美国最高法院判决认为："不应准许该案1600美金的律师费请求。现有的法律实践已经不适用败诉转付规则，虽然法律实践在理论上不完全正确，但在立法修改之前，法院有权作出这种决定。"通过这一案件美国确立了新的规则，诉讼中的当事人必须承担自己的律师费，无论诉讼的结果如何，即律师费自行承担规则。律师费在美国的仲裁中也往往由委托人自行承担。

值得注意的是，美国律师费各自负担的规则存在例外情况，并且由败诉者负担的情况不在少数。《美国联邦民事诉讼规则》第54条第4款针对律师费规定如下：③

①胜诉一方。除非实体法要求在审判时证明这些费用是损害赔偿

---

① 谢芳燕：《论我国律师费转付制度的构建》，第3—4页。
② 熊理思：《如果最终法院未支持一方立场，那他之前坚持自己的诉讼立场是一种错误吗？看英美律师费承担的不同规则》，载《人民法院报》2018年4月13日。
③ Federal Rules of Civil Procedure, 具体条文请参见 https://www.law.cornell.edu/rules/frcp.

的一部分，否则必须通过申请提出律师费和相关免税费用的请求。

②申请的时间和内容。除非法律或法院命令另有规定，否则该申请必须：

A.在判决书作出后14天之内提出；

B.列明判决及法律法规或其他使申请者有权获得裁决的理由；

C.说明请求的金额或对其作出合理估计；

D.如法院作出命令，则需披露有关提出索赔的服务收费协议的条款。

③诉讼程序。在遵守第23（h）条规定的同时，法院必须根据第43（c）条或第78条的规定，在一方的要求下，提供对该申请提出异议的机会。在收到有关服务价值的意见之前，法院可以决定费用责任问题。法院必须查明事实并说明第52（a）条所规定的法律裁定。

④当地规则的特别程序；对主法官或治安法官的说明。根据当地法规，法院可以制定特别程序，以解决与费用有关的问题，而无需进行广泛的听证会。此外，法院可在不考虑规则第53（a）（1）条的限制的情况下，将有关服务价值的问题转给第53条规定的治安法官，如果是一个处分性的审前事项，则可根据第72（b）条向治安法官提出律师费的申请。

可以看出，在美国当事人可通过申请书的方式提出有关律师费用和免税费用的请求。此外在阿拉斯加州、加利福尼亚州也有例外规定。直至1884年美国才在阿拉斯加建立司法管辖区，当时阿拉斯加的立法一片空白，只能求助于俄勒冈州。1862年的俄勒冈州立法依据的是英国规则，于是英国规则也被写入阿拉斯加的法律。事经多年，在美国大多数州都采用了美国规则后，阿拉斯加立法中的英国规则却被保留了下来。直至现在,虽然阿拉斯加州的其他规则都与美国规则一致,但律师费的承担依然延续了英国规则。而加利福尼亚州则规定:如果出现了侵权性行为和公益性诉讼不当的情况,法官可以依据自由裁量权或当事人的申述申请,作出由败诉方承担律师费的判决。也就是说,如果原告一方是因为维护公共财产或者公共设施而提起的诉讼,那么在胜诉的情况下,法院可以判决由被告方承担原告方的律师费用。

总结以上的情形可以看出,美国律师费自行承担规则之外的例外情况主要是:**1. 恶意的诉讼规则**:如果当事人因为恶意或者故意而提起的诉讼,那么法院也会因此判决怀有恶意方承担另一方的律师费。**2. 共同基金规则**:如果在一个案件中存在没有参加诉讼的潜在受益人,那么法院会判定原告律师费在共同受益人中进行分摊,并从法院控制的该案的共同基金中予以支付。这一规则被广泛运用于反垄断案件、灾难性侵权案件和集团诉讼案件中。很显然法院认为,大家将在判决中获益,那么就要分摊律师费,只由起诉的人承担律师费,未起诉的人坐享利益,对起诉人来说不公平。**3. 实质性收益规则**:与共同基金相类似,也是让潜在受益人共同分担律师费,但在案件适用范围上有所不同。**4. 合同意思自治规则**:这是为了尊重当事人的意愿,但美国法院似乎不喜欢这种方式。如,保险合同中若保险公司为被保险人设定败诉转付义务,法院可不支持这一约定。**5. 藐视法庭规则**:一方阻碍或者不配合法庭调查,可能被法院判定为藐视法庭。对故意藐视法庭的一方,法院可要求其支付对方的全部或部分律师费。**6. 立法性例外**:美国在涉及公民权利诉讼、消费者保护诉讼、劳动诉讼、环境保护诉讼四个领域中规定了败诉转付制度,这也说明诉讼具有高度的社会性,很多时候是为了社会的发展、进步以及社会利益而起诉,因此不能要求单个个体为推动社会进步而买单,尤其是在判决的结果并没有带给原告经济利益的情况下。**7. 仲裁中的特别规定**:美国有些州明令禁止仲裁庭对律师费用进行裁决,也有些州将律师费用排除在仲裁庭可裁决的费用之外,但是近年来出现了许多特别情况,如当事人在仲裁协议中明确授权,则仲裁庭可以裁决律师费用的承担;此外,准据法或者一些仲裁规则也有可能明确授权仲裁庭对律师费用进行裁决;在当事人一方有仲裁的恶意时,也可以裁决由其承担律师费以示惩罚。同时,当事人之间也可以自由约定律师费的承担。

综观美国在"律师费必须由当事人自行承担"的前提下出现的种种例外情况,尤其需要关注的就是所谓的私人检察长原则。根据美国的一些民权立法,胜诉方将有权从败诉方那里获得律师费的补偿。这一理论认为,虽然个人进行诉讼是为了维护自己的权利,但是总的来看这种行为是在减轻政府的执法负担,同时对不当行为也有一定的阻却效果。因此,这样的行为维护的是公众的权利,不应当再承担美国规则所带来的律师费用。按照这一规定,在诉讼中法官可以根据自由裁量权,为除了美国政府之外的胜诉方判决合理的律师费,作为其诉讼费用的一部分。

2. 大陆法系的律师费支付制度

大陆法系是指欧洲大陆上源于罗马法、以1804年《法国民法典》为代表的各国法律,所以大陆法系也称为罗马法系或者民法法系。1896年,德国以《法国民法典》为蓝本,制定了《德国民法典》,所以大陆法系又称为罗马—德意志法系,采用大陆法系的国家除法国、德国以外,还有比利时、奥地利、荷兰、意大利、瑞士、西班牙、明治维新以后的日本,以及亚非拉部分法语国家。下文主要介绍德国、法国等国家的情况。

（1）德国

《德意志联邦共和国民事诉讼法》第78条规定，"当事人在州法院必须由初级法院或州法院所许可的律师，在所有上级审法院必须由受诉法院所许可的律师作为诉讼代理人代行诉讼"。该法第91条规定，"败诉的当事人应该负担诉讼的费用，尤其是应该偿付对方当事人因达到伸张权利或防卫权利的目的而支出的必要费用……胜诉当事人对于律师的法定报酬和支出费用，在各种诉讼中均应偿付之"[①]。

可以看出，德国是适用律师费转付制度的典型国家。在德国，当事人在诉讼中必须有律师的参与，胜诉一方当事人在向律师支付费用后，可以向败诉当事人追偿他所支付的全部律师费。值得注意的是，按照德国的法律规定，律师费用包含在诉讼费用中，由败诉者承担，律师费用的承担以"达到伸张权利或防卫权利的目的"为标准，即只有"因达到伸张权利或防卫权利的目的而支出的必要费用"才可以由败诉当事人承担。[②]

为了实现律师收费的合理公平，德国对律师费的收取作了严格的规定，需要严格执行《德国律师报酬法》的标准。在德国，因为禁止全面的风险代理（成功报酬）的约定，所以不管胜败，律师都可以收取由法律规定的一定的手续费。这种律师手续费额是最低线，律师还可以和委托人约定法定额以上的报酬，但只有当事人书面同意，律师才能收取高于法定标准的酬金，并且超出法定额以上的部分不能从败

[①] 参见《德意志联邦共和国民事诉讼法》，中国法制出版社2001年版。
[②] 龚赛红:《关于律师费用由败诉当事人负担的探讨——以民事诉讼为中心》，载《北京化工大学学报》2005年第3期，第1—7页。

诉者处收回。在此情况下，律师的收费还必须由法院进行监督和执行。在诉讼过程中，诉讼费由法院的费用和律师费用两部分组成，原则上均由败诉者承担。《德意志联邦共和国民事诉讼法》第91条规定：败诉方当事人承担全部的诉讼费用，其中包括承担对方当事人因提起诉讼而支出的必要费用。很明显，胜诉一方当事人因为诉讼而产生的各项费用由败诉方承担。当然，在律师提供法律援助的案件中，律师费则由国家先行垫付，案件审理完毕后由败诉方支付国家垫付的部分。

在长期的司法实践中，也出现了因为当事人和律师因费用而产生的纠纷，为了解决律师收费争议纠纷，德国实行律师费评定制度。在德国，关于律师收费金额的确定，可以交由律师协会裁量，如果律师协会认定律师费过高，法院可以根据律师协会出具的鉴定书将其降低到适当的数额，在诉讼结束时律师要提交一份评定酬金和开支的申请和费用清单给法院书记官，此外还要送给对方诉讼当事人一份副本。评定工作由书记官办公室一位被称为"讼费评定官"的高级官员进行，并将评定结果通知对方诉讼当事人，有关律师如果对评定不服，可以向作出评定的法院提起上诉；有关当事人对评定结果不服，则可以在两个星期内向上一级法院提出上诉。[①]另外，《德意志联邦共和国民事诉讼法》第1057条明确规定：仲裁员有义务在仲裁裁决中对当事人的费用分担作出裁决，并且在当事人费用分配上有较大的自由裁量权。除在当事人对费用承担有相关协议的情形下，仲裁庭不得裁决。

（2）法国

法国是大陆法系中实行律师费转付制度的又一典型代表。《法国新

---

① 刘琪：《我国律师收费制度之完善》，第25页。

第三章 在我国推进律师费转付制度的必要性之分析 <<<

民事诉讼法典》第 18 编第 1 章费用负担中，第 695 条规定，"与诉讼、文书及执行程序有关的费用包括：①由法院书记员或税收管理部门征收的税款、酬金，但是各方当事人为支持其诉讼请求而提出的文书与凭据可能产生的税款与罚款不在其内；②（由 1978 年 1 月 20 日第 78—62 号法令废止）；③给予证人的补贴；④给予技术人员的报酬；⑤有规定标准的垫付款；⑥公务助理人员、司法助理人员的酬金；⑦在规定范围内，给予律师的酬金，其中包括诉讼收费"。第 696 条规定，"由败诉的一方当事人受判决承担诉讼费用，但是法官以说明理由之裁判决定另一方当事人负担全部或者部分诉讼费用之情形除外"。第 700 条规定，"在所有诉讼中，法官得判处应负担费用的当事人，或者在没有此种情形时，得判处败诉的当事人，向另一方当事人支付由其确定的款项，作为未包括在诉讼费用之内的已支出的其他费用，但法官应当考虑到平衡原则以及被判处人的经济情况，法官得基于相同之原因，依职权宣布无需判处支付费用"①。

从上述的规定可以看出，在法国，法律规定范围内的律师手续费可以作为诉讼费用由败诉的一方当事人负担，而给予律师的不能成为诉讼费用的那部分报酬，当事人即使胜诉了，原则上也不能从对方处回收。但是，在对方滥用诉权的场合，可以请求基于侵权行为的损害赔偿，由对方赔偿自己已负担的律师费用。此外，法官还被赋予了对于不包含在诉讼费用中的律师费用可依据衡平原则进行自由裁量的权力，针对这部分律师费用可由法官决定是否由败诉当事人承担②。

---

① 参见《法国新民事诉讼法典》，中国法制出版社 1999 年版。
② 龚赛红：《关于律师费用由败诉当事人负担的探讨——以民事诉讼为中心》，载北京化工大学学报》2005 年第 3 期，第 1—7 页。

具体而言，《法国新民事诉讼法典》中将律师的费用分为律师手续费和律师报酬，但律师手续费是诉讼费用的组成部分，而律师报酬不属于诉讼费用，一般由当事人和律师自己进行约定。对于律师的手续费或者律师的报酬，法院都有自由裁量权。即使当事人之间有自己的约定，也丝毫不能影响法官的这种权利。例如，《法国新民事诉讼法典》第179条规定：未亲自查证有争议的事实，法官得在各方当事人到场或者传唤当事人到场的情况下，对案件的任何方面的事实亲自进行审查。如有必要，法官得亲临现场，进行其认为必要的验证、评定、判断或行为复演。

而且法国同德国一样，也有专门处理因诉讼费用而产生的纠纷评定机构。也就是说，一方当事人对法院裁量的让其承担的费用感到不公或者不满时，可以向书记官申请对费用进行核实和确认。如果还不能打消其不满，那么在此后一个月还可以提起上诉。

除去诉讼费用的基本原则外，在法国也存在一些例外情况：首先，这一原则不适用于法律不援助的情形。其次，在离婚案件中，诉讼费用一般由离婚提出者来承担。再次，在双方起诉前约定了诉讼费用承担问题时，如果法官依旧判败诉方承担的话要说明其理由。最后，当检察院为败诉方时，法院不能判处检察院负担诉讼费用。还要注意的是，在法国现行的仲裁法中，仲裁庭可在双方当事人之间对仲裁费用的承担作出裁决，但是不包含律师费，而且不影响双方当事人可以自由约定仲裁费用和律师费用的承担或者授权仲裁庭对律师费进行裁决。

（3）其他大陆法系国家

除了前文所述的德国、法国，大多数欧洲民法法系国家遵循诉讼费用依附于事实的原则。如瑞典规定允许索赔所有在诉讼中花费的费用，这些花费包括在准备和提起诉讼中花费的全部费用、律师费、胜诉方花费的时间和努力及协商费用。也有许多国家针对诉讼费用承担的判决规定了诸多的限制。例如，西班牙将可以索赔的诉讼费用限制于诉讼请求的1/3，不过，如果法官发现一方当事人是随意起诉，那么法官将不受1/3的限额，可以对随意起诉方判决超过1/3的诉讼费用。还有一些国家依具体的费用表判决诉讼费用，而这些费用表并不反映实际所支出的费用。例如，荷兰法律规定，胜诉方不能索赔所有实际花费的诉讼费用，因为诉讼费用以对某些行为和诉讼请求所规定的标准数额为基础，法律代理费的判决以固定的费用为基础，而这通常并不包括实际花费的全部费用。在瑞士，法院和当事人的费用也由一个固定的表决定。就恶意诉讼而言，一些国家规定如果诉讼费用的接受者在诉讼中恶意进行诉讼，则法院可以拒绝判决支付诉讼费用。如在西班牙，如果法官发现有恶意行为，则所有的花费都将由有恶意行为的当事人承担。在瑞典，胜诉方必须要求支付诉讼费用和律师费，否则将被认为放弃索赔诉讼花费的权利。当一方当事人表现为恶意时，则其不能索赔诉讼花费。①

除了判决支付诉讼费外，许多欧洲民法法系国家也判决支付胜诉方律师费。例如，比利时的败诉方通常被要求向胜诉方支付与诉讼有关的律师费。丹麦法院在判决律师费方面有广泛的自由裁量权，败诉方通常向胜诉方支付律师费。希腊遵循"失败原则"，据此，败诉方支付另一方当事人的费用。在意大利，法官决定由败诉方承担适当限额的诉讼费，但不承担过多的，或者不必要的费用。在西班牙，其诉

---

① 屈广清、周后春：《诉讼费（仲裁费）与律师费承担的比较研究》，载《河南省政治管理干部学院学报》2003年第4期，第71—77页。

>>> 关于推进律师费转付制度的调研报告

请求被完全拒绝的败诉方负责承担胜诉方的律师费、专家证人费及其他相关费用。不过,葡萄牙与其他国家不一样,只有在一方当事人基于恶意进行诉讼时,才允许作出关于律师费的判决。

与判决诉讼费一样,判决律师费在欧洲民法法系国家也受到许多的限制。例如,比利时仅在诉讼程序方面判决律师费。卢森堡将律师费限制于诉讼中的必要步骤所承担的费用。而荷兰以一个固定的费用表为基础计算律师费,以此为基础作出的判决少于实际所花费的费用。意大利将律师费的判决限制于一个合理的数额内。如果胜诉方在诉讼中进行恶意诉讼,有些国家的法院将拒绝判决律师费。例如,在西班牙,当法官发现当事人有恶意时,所有的花费都将由恶意当事方承担。在瑞典,当一方当事人表现出有恶意时,则其不能索赔花费。

在仲裁领域,欧洲许多民法法系国家授权或者要求仲裁庭作出分配仲裁花费的裁决,可以支持由败诉方承担仲裁花费。例如,在葡萄牙,仲裁员依法裁决仲裁费和律师费,由败诉方承担。芬兰的仲裁法与惯例都规定由败诉方支付仲裁费,包括法律代理费。在一些国家,仲裁费可以基于合理理由而偏离这一普遍规则,例如,比利时允许仲裁员依比利时法的原则基于合理理由偏离向胜诉方裁决仲裁费的模式。在奥地利,败诉方一般被要求支付仲裁费、合理的法律代理费及仲裁员费用,但仲裁员也可以基于合理理由在当事人之间分配仲裁花费。丹麦在仲裁程序中裁决仲裁费用的制度是许多欧洲民法法系国家的代表,其制度与国内关于法院的制度紧密联系在一起,法院和裁决庭通常以胜诉方的诉讼请求和抗辩为基础分配诉讼花费,在仲裁庭的案件中,则还考虑败诉方进行仲裁的合理理由,不过仲裁庭对于仲裁费用的承担有广泛的自由裁量权,在过去,它们倾向于对有关费用的裁决采取一种更宽大的立场。西班牙法律规定，如果当事人没有相反的约定，每一方当事人承担自己的花费，共同费用则平均承担，不过，如果仲裁员确定一方当事人有恶意行为，则双方当事人不必平等分担共同花费。①

但值得注意的是，欧洲民法法系国家对于仲裁中律师费的裁决存在分歧。一些国家，如奥地利、荷兰、瑞士遵循英国规则，规定由败诉方支付胜诉方的律师费。不过，也有一些国家，明确禁止作出律师费裁决，例如，在比利时，禁止裁决律师费，理由是违反公共政策。在希腊、卢森堡等国，虽然允许裁决律师费，但极不经常。大多数允许判决花费和费用的国家都规定法院和仲裁员有权作出分摊诉讼费用和律师费的裁决，当一方当事人就所有提交的诉讼请求和问题都完全胜诉，仲裁庭或者法院所判决的花费或者费用是适当的时候，败诉方通常被要求支付所有的费用。然而，如果一方当事人在某些诉讼请求和问题上胜诉，在其他方面没有胜诉，则法院和仲裁员常常依他们胜诉的比例作分摊诉讼费和律师费的裁判。例如，比利时法律规定，如果每一方当事人都在诉讼请求的一部分败诉，则法院可以抵销当事人间承担的费用。瑞典法律规定，如果当事人都是部分的胜诉者和败诉者，则诉讼费用由当事人共同承担。在法国，如果一方当事人在所有问题上完全败诉，则通常由他支付胜诉方的全部花费和费用，但如果并非如此，则仲裁员将依据每一方当事人提出的诉讼请求的胜诉比例，分摊仲裁花费和费用。②

亚洲国家中属于大陆法系、成文法发展较成熟的国家还有日本。

---

① 屈广清、周后春:《诉讼费（仲裁费）与律师费承担的比较研究》，载《河南省政治管理干部学院学报》2003 年第 4 期，第 71—77 页。
② 屈广清、周后春:《诉讼费（仲裁费）与律师费承担的比较研究》，载《河南省政治管理干部学院学报》2003 年第 4 期，第 71—77 页。

>>> 关于推进律师费转付制度的调研报告

在明治维新之前，日本适用的是各自负担原则，除了特定的例外情况，一般各自承担律师费。根据日本旧《民事诉讼法》及《民事诉讼费用法》的规定，除了法院判定选任律师的场合，律师费用不包含在诉讼费用中，胜诉的当事人不能从败诉当事人处回收律师费用。不过，从昭和时代开始，判例逐渐确立了律师费用赔偿制度，在基于侵权行为的损害赔偿请求诉讼中，判例认为一定范围内的律师费用是和该侵权行为有相当因果关系的损害。

近年来，日本的司法界和学术界就律师费是否由败诉方承担这一问题讨论广泛，基本达成以下共识：首先，就律师费用是全部由败诉者承担，还是部分由败诉者承担而言，日本的司法界和学术界大多赞成律师费用一部分由败诉者承担的办法，认为"律师费用一部分，如在法庭要辩护活动所要求的最小限额费用的着手金，由败诉当事人承担，是一个具有合理性的选择"。其次，作为着手金的律师费用，是为提起诉讼进行准备的一些必要的费用，可以视为诉讼费用的一部分，由败诉当事人负担。如果恶意或重大过失提起诉讼的话，提起诉讼者当然应当负担对方律师费用，且该费用是作为基于侵权行为损害的一部分。最后，目前日本关于律师费用由败诉方负担的制度是由判例确定的。但有学者提出，将律师费用由败诉方负担的问题委诸现行法体系下的判例理论的发展是不妥当的，尤其是判例只承认侵权诉讼的律师费用赔偿而不承认其他民事诉讼中的律师费用赔偿，这是不公正的，需考虑进行立法解决。[①]

---

① 龚赛红：《关于律师费用由败诉当事人负担的探讨——以民事诉讼为中心》，载《北京化工大学学报》2005年第3期，第1—7页。

此外值得注意的是欧洲国家的诉讼保险制度。诉讼保险，是指投保人通过诉讼险，在自己与他人发生民事诉讼时，由保险公司通过理赔方式向投保人支付诉讼费用的保险制度。诉讼费用保险制度最初产生于19世纪的法国，之后德国成为世界上诉讼费用保险制度最为发达的国家。在诉讼保险的承保对象和投保范围上，几乎都涵盖法院费用和律师费用。这样做的目的是补偿投保人因参加民事诉讼而承担的经济支出，例如，在败诉时必须支付给对方当事人的律师费用等。这种制度一方面保障了当事人将问题诉诸司法的权利，另一方面律师的费用也得到了保证，而保险公司也能在保险市场上得到可观的利润，三方均能获得收益，同时也减轻了国家因法律援助而投入的财政补贴。

综上可以看出，关于律师费是否可以由仲裁庭裁决由败诉方承担，大陆法系国家对此有较大的分歧。大多数大陆法系的国家以"败诉方承担律师费"为原则，但也存在例外的情形：①主权的豁免：在个人与政府的案件中，因为政府的主权豁免特权而无法使用败诉转付制度。②没有道理的诉讼及不必要的程序：法院即使找不到驳回该案的法律依据，但如果认定原稿提起诉讼是"无理取闹"，那么为惩戒原告，在他胜诉时可以不支持他的败诉转付请求。同样，不必要程序的结果也是如此。③亲朋好友之间因为存在特别关系，也不适合败诉转付制度。④经济地位严重不对等的情况：如法国对法律援助案件和劳动争议案件不适用败诉转付制度。⑤离婚案件。⑥一审败诉但二审胜诉的，也不适用败诉转付制度。⑦在诉讼中，一方愿意调解，而另一方不愿意调解，那么即使愿意方败诉也不必承担败诉转付律师费。⑧小标的额的诉讼。在小额诉讼中一般由双方各自负担律师费。这样规定，是为了鼓励大家在小额诉讼中不要请律师。

在适用英国规则的国家，败诉转付制度一般都会通过立法的形式予以固定，同时在适用规则时法院拥有自由裁量权。而且这些国家往往对律师收费费率的计算有着严格的规定，以便法官在自由裁量时有章可循，德国、法国等国家都适用这一规则。而美国的"自行承担模式"更多是出于其司法开放、鼓励诉讼的司法理念。不论是适用美国规则的美国大多数州，还是适用英国规则的欧洲国家与美国阿拉斯加州，在历史的发展变化中都作出了自己的选择，后来发现这一选择顺应了国家的发展轨迹，因此得以固定保存，可在遇到原有规则无法解决新问题的时候，它们又以规则以外的例外性规则加以解决，使原有规则更加完善。由此可见，无论是英国规则还是美国规则，在适用过程中都逐渐发展出了许许多多的例外情形，这恰恰说明没有任何一种规则是永远不变的，法律规则是人们在实践中解决具体问题的精选与归纳。因此，要以本国的实际情况选择贴合实际的规则才能对国家发展起到促进作用。

二、在我国推进律师费转付制度的必要性

"努力让人民群众在每一个司法案件中感受到公平正义"不仅是人民法院的工作目标和任务要求，也是人民法院的神圣使命和职责所在。人民群众既包括案件当事人，也包括社会公众。"感受到公平正义"，不仅要"公平正义"，而且要"感受得到"。把案件"判公"是法官的应有之责，还要把人心"判暖"，让人民群众感受到司法的公正和温度，这给法官提出了更高的要求。一个裁判的作出，既要使案件当事人感受到公正，也要得到社会认同。人民的法治信仰，就是建立在这种"守

法者得利，违法者受罚"的司法、执法过程中，建立在这种管用有效、已定必行的法制体系之上。随着改革进程的日渐加快，来自各方面的风险挑战也在逐渐增多，各种社会矛盾处于易发多发的状态，越来越多的矛盾纠纷诉诸法院，人民法院解决社会矛盾的责任更加重大、工作任务更加艰巨。推进律师费转付制度在我国的施行不论对于维护人民群众合法权益、预防行为人肆意侵权、防止当事人滥用诉权，还是促进律师行业健康充分发展、提升司法资源利用效率、发展多元纠纷解决机制、强化公民法治观念和彰显社会公平正义，都具有不可忽视的重要影响和巨大作用。

（一）鼓励当事人积极维权、妥善维护其合法权益

完善的法律制度设计不仅仅体现在理论上有关实体权利与程序权利的公平正义上，也需要体现在司法实践中制度目的的真正实现和价值理念的贯彻落实上。我国法律赋予了公民平等的诉讼权利，任何人在其合法权益受到他人侵害或者在对方当事人违约的情况下都能通过国家的强制力手段所提供的支持和保障去救济自己受损的权益，用法律去捍卫自己的尊严和维护自己的权益。公民平等的诉讼权利具体体现为当事人双方的诉讼地位平等，也即诉讼权利和诉讼义务的平等，当事人双方平等地行使诉讼权利以及当事人双方平等地适用法律。公民诉讼权利的平等体现了社会主义民主，对于这一民主权利，任何人不能限制或者剥夺。人民法院立案登记制的公布出台和推进实施，就是对维护公民诉讼权利平等原则的积极反馈和有益反响，在很大程度上便利了当事人积极采取诉讼的方式维护自己的合法权益，"诉讼"一词不再是一种纸面上的宣誓性口号和象征性权利，而是真真切切地

进入了大家的社会生活中,依法提起诉讼维护权益成为一种可行的救济选择。

立案登记制是对我国现行民事诉讼法制度的一次重大突破,它是一种案件受理制度。根据最高人民法院《关于全面深化人民法院改革的意见》提出的要求,改革案件受理制度,变立案审查制为立案登记制,对人民法院依法应该受理的案件,做到有案必立、有诉必理,保障当事人诉权。从长期发展来看,立案登记制的实施也为扩大司法权、提升司法公信力奠定了坚实的基础。立案登记制的确立,不仅意味着不论当事人的纠纷繁杂还是简易、案件诉讼标的大还是小,只要当事人愿意通过诉讼的方式加以解决,到了法院就能依法立案,法院能够及时受理并且加以审理裁判;而且从当事人的角度而言,对于维护当事人的诉权,保证当事人的诉讼权及时、合理有效地行使具有十分重要的意义。

然而当前我国社会中仍存在一些客观的障碍和明显的困境阻碍当事人采取诉讼的方式维权,最为直接的原因就是高昂的律师费用。在我国现行的法律制度和普遍的律师行业付费规则下,当事人往往先要垫付较为高昂的律师费用,这个门槛很可能就阻拦了为数不少的一批权益受到侵害但因囊中羞涩无法委托专业的律师而感觉胜诉无望的人。退一步讲,就算当事人有经济能力或者在东拼西凑后支付了高昂的律师费用,诉讼的输赢走向其实还是个未知数,最后能否拿到求偿的数额以及该部分数额在扣减了高昂的律师费用之后是否能够让当事人心满意足也存在不确定性。甚至在当事人支付的律师费用被预测高于当事人通过诉讼获得的金额,也即入不敷出的情况下,当事人弃用提起诉讼这个法定的维权途径也在情理之中。因为普通公民往往不具备专

第三章　在我国推进律师费转付制度的必要性之分析

业的法律知识和司法实务经验，即使当事人没有聘请律师而依法提起了诉讼，但在客观上也无法与委托了专业律师的对方当事人在诉讼技巧和法律适用等方面相抗衡，其诉讼权利在事实上仍得不到有效的保障和切实的维护。可以看出，维护公民诉讼权利平等原则在司法实践中发生了异变，高昂的律师费用在客观上成了当事人维护自己合法权益、依法行使诉讼权利的"拦路虎"。

解决当事人维护自己合法权益、依法行使诉讼权利的"拦路虎"的一种可行的思路和方式便是建立和完善律师费转付制度。通过律师费转付制度，将承担高昂的律师费用的经济责任转嫁给败诉一方，胜诉一方不再实际承担己方委托律师的费用，据此，依法维权的一方明显减轻了诉讼负担，实际上减少了经济压力。这在很大程度上鼓励了没有过错的一方或者正义的一方勇于行使自己的诉讼权利，并通过委托专业的律师来提升己方的胜诉能力。权益受到侵害的当事人不用因为依法维护自己的合法权益而在第一次受到侵害后又另行增加额外的维权费用，即律师费转付制度在一定程度上避免了当事人因为他人的行为而受到二次损害，可以在司法实践中切实保障当事人平等的诉讼权利，鼓励当事人通过委托专业的律师参加诉讼的方式依法维护自己的合法权益。

（二）提高行为人侵权成本、预防行为人肆意侵权

在市场经济的背景下，每个公民、法人或者其他组织在经济上都是自己利益的代表者，以一个理性经济人的身份出现在社会经济活动中。理性经济人是指个人在一定的社会约束条件之下，实现自己的效用的最大化。每个社会经济活动的参与主体都被推定为自己利益最大

化的推动者。在面临两个或者两个以上的选择机会时，作为理性的经济人往往能够自觉地作出最有利于自己利益的决策。换言之，每一个从事经济活动的人所采取的经济行为都是力图以自己的最小经济代价去获得自己的最大经济利益。由于法律通过具体的规则赋予了不同的社会主体各自的法律权利和法律义务，并对人们违反这种法律义务所应当承担的法律责任作了规定，这在客观上实际起到了一定的法律的规范指引作用。

正如设想的那样，法的实现的最优表现形式是人们都遵守法律；法的指引在其内容上也应该有行为主体对法律持"外在观点"到"内在观点"的转变。这不仅是法治的要求，也是法的指引的应有之义。在法的指引实现其指引路径的转变的过程中，有内在和外在两个方面的因素在起作用，即存在于法律自身的因素和存在于行为主体中的因素。前者是由行为成本和法律分配上的不平等来完成的，后者是由行为主体的法律认知程度和法律需要程度来完成的。法律规定即是个人实现自己效用的最大化的社会约束条件，即通过法律权利的享有和法律义务的负担以及法律责任的承担来指引理性经济的人们选择尽可能使自己的利益得到最大化的方式参与到社会经济活动中去。

在我国现行的法律制度框架下，尚未规定在诉讼中由败诉的一方承担胜诉的一方的律师费用的一般性规则，仅仅在为数不多的几种特殊情况下赋予了败诉的一方或者具有过错的一方承担胜诉的一方或者不具有过错的一方的律师费用。由此可以看出，就高昂的律师费用的承担这个问题而言，理性经济的人们可以通过计算自己侵犯他人权益或者违反合同约定所导致的经济成本。相对于通过法律明确规定由败诉的一方承担胜诉的一方的律师费用的一般性规则，在我国现行的法律制度下，高昂的律师费用的最终承担主体往往是委托律师的一方当事人。侵犯他人权益或者违反合同约定的一方当事人并没有因为自己的侵权行为或者违约行为额外再承担责任，反而权益受到侵害的或者遵守合同约定的一方当事人因为他人的侵权行为或者违约行为额外增加了依法维权的经济负担。这样的规则设计实有失公允，并且变相地鼓励了侵权行为人或者违约当事人的不诚信行为，而对侵权受害人或者守约当事人进行了又一次的权益侵夺和经济打击。

一个完善有益的法律制度应当起到激励社会主体遵守法律的实施、维护社会的诚实信用和公平正义的重要作用。由败诉方负担胜诉方律师费用，不仅可以减少当事人的维权成本，也可以起到威慑违法者、预防违法行为发生的作用。换言之，律师费转付制度的司法效果可以达到前述提及的完善有益的法律制度应有的积极作用和激励功能。从经济学的角度看，纠纷解决机制的设计最为重要的是要使违法者承担违法成本，而不是要求他向其受害者支付损害赔偿，这就维护了诉讼的威慑效应。以一个理性经济人为预设，在日常生活中，一个人是选择合法行为还是违法行为，取决于合法与违法这两种行为方式所产生的成本与收益的大小。如果当事人经过全面而精确的计算认为，侵权或违约所获得的利益大于其所付出的成本，那么他将会选择侵权或违约。反之，如果其经过计算认为，侵权或违约所获得的利益小于其所付出的成本，那么他将会选择守法、守约。[1]

如果通过法律明确规定由败诉的一方承担胜诉的一方的律师费用

---

[1] 吕中伟、冷海涛：《程序制裁：一个解读律师费转付制度的新视角》，载《延边党校学报》2013年第6期，第59—61页。

的一般性规则，侵犯他人权益或者违反合同约定的一方当事人通过理性的、经济的思考，可以发现其因侵权行为或者违约行为除本应承担的市场风险和交易成本外，如果因其不当行为进入诉讼阶段还需要额外增加一项侵权受害人或者守约当事人的客观存在的高昂的委托律师费用。毋庸置疑，律师费转付制度通过让败诉方承担胜诉方律师费，势必加大其侵权、违约行为的成本，降低守法、守约方的交易成本和交易风险。当事人出于趋利避害的动机，会更加尊重他人的权利，遵守诚信守诺原则，积极履行法律或合同规定的义务，谨防因侵权或违约而被起诉后带来的一系列不利的法律后果。[1]律师费转付制度是对理性经济人的一种正向指引，使得行为人在选择是否侵害他人权益或者是否违反合同约定时能够考虑到高昂的律师费用的承担问题，最终自觉地选择尽量不去侵害他人权益或者违反合同约定，从而起到引导当事人合法行为、预防违法行为的作用。与此同时，在诉讼阶段，由败诉方负担胜诉方合理律师费用，将会加重违法行为人的违法成本，进而起到制裁违法行为的作用。[2]

（三）防止当事人滥用诉权、提升司法资源利用率

近些年来，随着我国经济社会的快速发展，人们的法治意识普遍提高，在勤于利用法律维权的同时，在司法实践中也出现了大量的虚假诉讼和恶意诉讼的现象。虚假诉讼是指诉讼双方当事人基于共同的非法动机或者目的，表面上具有了法律赋予的正当诉讼权利的合理外

---

[1] 吕中伟、冷海涛：《程序制裁：一个解读律师费转付制度的新视角》，载《延边党校学报》2013年第6期，第59—61页。
[2] 戴党平：《民事诉讼律师费用败诉方负担制度分析》，第12页。

观,但在实际上却不存在明显正当的诉讼主体资格,涉案事实以及所谓的证据等皆为双方当事人共同虚构或者捏造而来提起的诉讼,从而使得法院在错误的事实调查和证据认定的基础上作出错误的判决、裁定或者调解。虚假诉讼案件的共同特征在于各方当事人之间具有某种共同特殊利益关系,在诉讼过程中往往配合默契,具有合谋性和非对抗性,诉讼的内容具有财产性,往往是对债务的确认、财产所有权的转移或者增加财产的共有人,以达成相对第三人的虚构债务、转移财产或者骗取国家优惠政策的目的。通常情况下,虚假诉讼案件的调解结案率相对较高,通过调解以方便当事人尽快达成诉讼目的,规避法官的审查。造成虚假诉讼现象泛滥的主要原因在于当事人意思自治、权利自主处分原则及民事审判权的被动性,这些特征客观上为虚假诉讼案件提供了滋生的条件与生存的空间,与此同时,法律法规对于虚假诉讼案件的监督和规制在一定程度上有所缺位。

恶意诉讼是指诉讼一方当事人明知其不具有正当的事实理由或者法律根据,以故意损害被诉一方当事人的合法权益或者为己方谋求某种不正当利益甚至非法利益为主要目的而提起的致使被诉一方当事人遭受实际损失的诉讼。恶意诉讼案件的共同特征在于提起诉讼的当事人主观是故意的、恶意的,在目的上以谋求某种不正当利益甚至非法利益为主,客观行为上以损害他人利益为表现,具有侵权行为的性质,且严重扰乱司法秩序,具有实质上的违法性。造成恶意诉讼现象泛滥的主要原因在于恶意诉讼当事人的违法成本过低以及诚实信用的缺失。

可以看出,虚假诉讼和恶意诉讼皆为非诚信的诉讼行为,这些非诚信诉讼行为所带来的严重后果,不仅在于当事人通过损害权益相对人的合法权益而谋求己方的不正当利益或者非法利益,而且有违民事活动诚实信用原则和社会公平正义原则。滥用法律赋予的诉讼权利，在一定程度上浪费了有限的司法资源，严重扰乱了国家的司法秩序和经济秩序，恶意挑战和中伤国家的法律权威和司法权威，不利于我国经济社会的健康发展以及社会主义和谐社会的积极构建。

因此，严厉打击虚假诉讼、恶意诉讼等非诚信诉讼行为刻不容缓。要"通过充分发挥诉讼费用、律师费用调节当事人诉讼行为的杠杆作用，促使当事人理性地选择合适的方式解决纠纷"，而律师费转付制度可以成为引导人们诚信理性诉讼的一种有效解决机制。在当事人准备选择是否要进行虚假诉讼、提起恶意诉讼等非诚信诉讼行为时，会因虚假诉讼、恶意诉讼等非诚信诉讼行为导致的承担权益相关人的高昂的律师费用的经济风险而有所顾虑，从而在一定程度上减少当事人滥用诉讼权利现象的发生，促使当事人用一种更为谨慎和严肃的态度对待自己的诉讼权利的行使。律师费转付制度在客观上避免了当事人对有限的司法资源的浪费，也使得司法秩序和经济秩序能够正常运行，国家的法律权威和司法权威得到捍卫和尊重，长远来看有利于我国经济社会的健康发展以及和谐社会的积极构建。

（四）发展多元纠纷解决机制、减轻人民法院诉累

由于我国巨大的人口基数、经济持续快速的发展、法院司法权威的树立、立案登记制的推行以及人们法治意识和维权意识的提升等诸多因素的影响，法院各类案件的数量近些年来一直居高不下，法院"案多人少"的矛盾日益凸显和深化。大量案件的积压使得法院法官的审判效率和审判质量无法在较短的审理期限以及有限的工作时间内得到充分保障。法院法官无法在极为有限的时间里耐心细致地做好调解工

作，不能及时化解社会主体之间的矛盾与冲突，在一定程度上影响到了审判效果。此外，法院法官长期处于超负荷工作的状态，面对积压的大量案件，除健康状况堪忧外，法官实际上也没有学习知识以及钻研业务的时间和精力，客观上影响了法官知识的更新以及实务能力的提升。可以看出，大量积压的案件已经给法院工作带来了沉重负担和巨大压力。"案多人少"的尖锐矛盾不论是对于提高审判效率和审判质量、提升和促进审判效果、增加司法公信力，还是对于营造充分健康和谐有益的司法环境都造成了不小的困扰和阻碍。

在这样的司法实践困境之下，律师费转付制度可以成为突破这一困境的一条可行的出路。通过律师费转付制度的施行，使得当事人在经过利益的衡量以及得失的选择之后，不会将目光局限于仅以诉讼裁判的方式解决纠纷，而是引导人们理性地使用司法资源，且将解决纠纷的视野和途径拓宽到多元化的平台。即律师费转付制度有利于促进当事人在多元化纠纷解决机制中理性地选择一种或者多种解决纠纷的有效方式。

多元纠纷解决机制主要是指在一个社会中存在各种性质、功能、程序和形式不同的多样的纠纷解决方式，特定的功能相互协调、共同存在，共同构成一种满足社会主体多种需求的程序体系和动态调整系统。多元化是该机制的核心，即除了诉讼之外，当事人可以根据各自不同的现实需要来选择不同的纠纷解决机制。多元纠纷解决机制的主要方式包括人民调解、行政调解、劳动仲裁、行业性专业人民调解、商事仲裁等。当今社会的快速发展和不平衡、不充分的发展使得社会中的矛盾和纠纷不断增加，甚至呈井喷式的增长。由于司法的权威性，司法诉讼成为人们解决各种纠纷的主要途径。但随着诉讼案件的增长，利益冲突的多元化，单一的诉讼方式无法高效解决现有的所有纠纷。另外，各地法院都出现了"案多人少"的现象。法官办理的案件数增加，相应地，案件审理程序时间会拉长，这样不仅法院一线办案人员工作压力大，人民群众的纠纷也难以得到更好的解决。因此，多元纠纷解决机制的构建就显得尤为迫切。发展多元纠纷解决机制，不仅可以充分地调动社会各方的力量参与到纠纷的解决过程中，有利于较为及时、迅速、高效、灵活、方便地解决当事人之间的纠纷，实现经济上的便利性，也可以在一定程度上减少当事人之间的直接对抗与冲突，促成当事人的和解，进一步促进和谐稳定的社会秩序的构建。此外，这也能在客观上减轻和缓解人民法院的诉累，在一定程度上避免某些当事人因使用司法资源造成了自己的不利益以及司法不经济的现象的发生，防止了对司法资源的无故占用和变相耗费，有利于形成良性的司法环境。发展多元纠纷解决机制，既赋予了当事人更多的自由灵活选择纠纷解决方式的空间，又保障了当事人基本的获得救济的权利和维护权益的方式。对此，律师费转付制度的实施在客观上是发挥多元纠纷解决机制正向效用的积极杠杆。

（五）增加对律师职业的认同感、促进律师行业健康充分发展

受我国传统文化中"和为贵，讼则凶"思想的深刻影响，在社会生活中形成了特有的"厌讼"文化。长期以来，律师这一群体在社会普通民众心中的形象往往是比较恶劣的、谋求私利的"讼棍"。尤其在律师收取了相对高昂的律师代理费用后却没有达到当事人的胜诉预期的时候，或者在己方诉求具有正当性和正义性而本应胜诉的情况下却

第三章 在我国推进律师费转付制度的必要性之分析

因对方当事人委托的律师在诉讼技巧上进行攻防后导致己方诉讼预期落空的时候，律师这一群体在权益受损的当事人心中的认可程度就会急剧下滑，而对于因律师的参与获得不正当利益的当事人来说，也难以将律师这一群体评价为正义的化身。一些普通民众往往在经历了几次甚至一次与律师打交道的不堪经历后便很难再对律师这一群体产生信任感和认同感。目前，法律服务市场中很多需求者对律师服务的必要性和如何利用律师服务还停留在初级层次。在一些民众看来，律师似乎永远是一个仅谋求私人利益、没有社会责任感的职业。但实际上，从我国律师制度恢复重建30多年来，许多律师在有效维护当事人的合法权益和公平正义之余，还为社会做出了很多的专业贡献。他们一直在用自己的专业知识、专业智慧、职业技能、职业水平、事业激情、责任和使命，一个一个案子，一步一步台阶，一点一滴努力，在平衡社会利益、完善社会管理、影响社会思维、推进社会进步、促进社会和谐方面发挥着作用。同时，他们还在以自己的实际行动不断丰富律师职业的专业内涵、完善律师职业的社会形象。江平先生曾言，"律师有个服务之道，有个治国之道。服务之道是如何为当事人来服务，他给我钱，我给他服务，单纯的金钱服务关系；治国之道是用法律来维护社会的尊严，来维护社会的正义公平"。

不可否认的是，在律师群体中存在良莠不齐、鱼龙混杂的现象，但我们万万不可因噎废食，对律师职业和律师行业进行全盘否定。我国一些普通民众对于律师群体的固有偏见和对律师作用的片面否定是不可取的。造成这一消极看法的主要原因可以归结为民众对于律师制度和律师本身缺乏应有的客观认识。律师费转付制度的推行和实施，恰恰是增加民众对律师制度和律师本身理性认识的一个良好契机。律师费由败诉一方当事人承担的制度规定，可以在很大程度上激励当事人借助律师的专业力量维护自己的合法权益，且并不用承担因维护合法权益而导致的经济成本。当事人所委托的律师的形象由先前的谋求当事人利益与从当事人手里谋求自我利益的复杂形象转变为谋求当事人利益与从对方当事人手里谋求自我利益的纯粹形象。推行律师费转付制度，能使当事人与律师各自的利益诉求真正地得到统一与融合，当事人对于律师的信任感和认同感在利益诉求达成一致时能得到最大化的释放。

随着普通民众对于律师职业和律师行业客观理性认识的增多，对于律师的信任感和认同感也会逐渐提升，对于律师行业的市场需求也会逐渐增大，这在一定程度上是在以外部环境的刺激促进律师行业的发展。事实上，律师费转付制度也能够发挥促进律师行业内部良性竞争的积极作用。当前在我国积极构建法治社会的政策引领之下，需要大量的具备法律知识的专业人才。我国律师行业在这样的背景下发展迅速，律师队伍不断壮大。权威数据显示，截至2018年底，全国共有执业律师42.3万多人，比2017年增长了14.8%。律师人数超过1万人的省（区、市）有18个，超过2万人的省（市）有8个，超过3万人的省（市）有2个。1.2万多个党政机关、人民团体和1600多家企业开展了公职律师、公司律师工作。全国共有律师事务所3万多家，比2017年增长了8%。其中，合伙所2万多家，国资所1100多家，个人所9140多家。这不仅意味着律师行业迎来了蓬勃的发展期，同时也意味着律师之间以及律师事务所之间面临着激烈的竞争。由此，不免发生低价竞争和恶性竞争的现象，一些律师和律师事务所以牺牲行业标准和底线为代价来获取短期利益，这是阻碍律师职业以及律师行业发展的明显障碍。律师同行之间相互诋毁，恶性压价，陷入低价竞争，这不仅会恶化律师的执业环境，还会造成整个行业的崩塌，不利于律师事业健康长远发展。在此背景之下，推行律师费转付制度，可以促使律师和律师事务所更加审慎地对待律师费用的收取问题，使得律师费用的收取更加合理与正当，进而营造出良性的律师行业竞争环境，促进律师行业健康充分发展。

（六）强化公民法治观念、彰显社会公平正义

当前我国社会正处于一个转型时期，法治建设虽然正在推进，但就目前而言，公民的法治观念整体上仍相对较低。在社会生活中，仍不乏有人把自己放在与社会主体相对的地位，没有确立"主人翁"心态，而保留着"官本位"思想中所谓的"草民心态"，没有正确地定位自己的社会角色。一方面，部分公民对于我国政治的参与以及社会事务的管理缺乏热情与兴趣，在客观上导致了我国法治社会民主特性的优势无法充分显示，阻碍了社会主义法治现代化的快速发展。另一方面，也有不少的公民缺乏责任意识，在面对社会中道德败坏或者违法乱纪的事情时扮演了一个事不关己的看客角色，甚至自己肆意地去破坏道德秩序、经济秩序、社会秩序、法治秩序。即使在自己成为被侵害对象的时候，一些普通民众很多时候仍旧不愿意使用法律武器来维护自己的合法权益。可以看出，公民的法治观念亟待加强。法治意识并不是每个人天生就有的，需要有一个学习和培养的过程。法治意识是人们对法律发自内心的认可、崇尚、遵守和服从。推进律师费转付制度的实施，有利于使每个社会主体都可以平等地享受基本的律师法律服务，在客观上有利于促进公民法治观念的培育、主人翁意识的确

立、参与民主意识的增强以及责任意识的深化。

另外,在我国现行的法律制度下,高昂的律师费用的最终承担主体往往是委托律师的一方当事人。侵犯他人权益或者违反合同约定的一方当事人并没有因为自己的侵权行为或者违约行为额外再承担责任,反而权益受到侵害的或者遵守合同约定的一方当事人因为他人的侵权行为或者违约行为额外增加了依法维权的经济负担。需要注意的是,社会公平正义理念就是要社会各方面的利益关系得到妥善协调,各种社会矛盾得到妥善处理,社会公平和正义得到切实维护和实现。社会公平正义体现为社会地位上的权利公平、参与社会活动的机会公平、参与社会活动的规则公平、参与社会竞争和发展的效率公平、社会财富的分配公平以及生存权、发展权的公平等方面。

公平正义是古往今来人们衡量理想社会的标准之一,也是人类社会发展进步的重要价值取向。就当代中国而言,公平正义在构建社会主义和谐社会的进程中处于十分关键的基础地位。没有公平正义,社会的诚信友爱、安定有序、充满活力等也都无法实现。因此,高扬公平正义的旗帜、从我国社会各个层面体现和推进公平正义的治国理念,应该成为构建社会主义和谐社会的重要内容。社会公平正义理念在客观上要求立法和司法的公平公正,需要满足人民群众对于公正、正义的强烈愿望。而由权益受到侵害的或者遵守合同约定的一方当事人因为他人的侵权行为或者违约行为额外承担依法维权的经济负担的规则明显是对社会公平正义理念的违背。因此,通过法律明确规定由败诉的一方承担胜诉的一方的律师费用的一般性规则可以弥补现行法的不足。侵权受害人或者守约当事人不必因侵犯他人权益或者违反合同约定的一方当事人的行为而再次受到不利冲击,符合公平正义的基本原则。如此一来，社会矛盾就可以得到妥善的解决，社会各方面的利益关系就能够得到妥善的协调，广大人民的利益就能够得到真正的保障与维护，社会的公平正义就有望得到真正的实现。

第四章

——关于推进律师费转付制度的调研报告——

在我国推进律师费转付制度的正当性之分析

第四章 在我国推进律师费转付制度的正当性之分析

如前所述，我国目前关于律师费支付制度的规定散见于各部门法与相关法规或意见，本调研报告将基于律师费转付制度的法理依据，对与律师费转付制度相关的法律规范与地方性规定进行总结，并结合各地对典型案例的处理，说明现阶段在中国推进律师费转付制度的正当性。

一、败诉方承担胜诉方律师费的法理依据

古希腊自然法学派代表人亚里士多德将正义划分为分配正义与矫正正义，两种正义分别指向一个社会在纠纷发生之前的正义安排与纠纷发生之后的正义安排。具体而言，分配正义是指依据某种均衡原则，以每个人的才能与贡献为主要标准，在社会成员之间按比例分配财富、权力、利益。但是，由于各种因素的阻碍（这些因素包括实体标准的具体界定以及分配机制方面的因素，比如实施分配主体的寻租行为以及参与分配的人们可产生负外部性的诸多行为），实际上这种分配很难得到完全的实现。在分配正义遭到破坏的情况下，矫正正义便会发挥作用。矫正正义是指在社会成员之间重建原先已经建立起来后又被破坏的均势和平衡，也就是说，当一个人的财产、人身等权利受到侵犯时，侵犯者应当进行补偿、修复。亚里士多德的正义观为民事诉讼制度的设置提供了理论基础与原则导向。[1]

律师费转付制度属于矫正正义的范畴。法律的价值在于维护社会

---

[1] 吕中伟、冷海涛:《程序制裁：一个解读律师费转付制度的新视角》，载《延边党校学报》2013年第6期，第59—61页。

公平，国家设置诉讼制度，就是为了解决社会纠纷，使社会成员受到侵犯的合法权益得以恢复，以实现社会的公平正义。如果社会主体的权利因过错行为受到损害，受害一方与加害一方之间的利益关系必然失衡，失衡的利益关系不会自动恢复，只能由受害的一方通过私力救济或公力救济才有可能得到恢复。但是，受害一方无论采取私力救济还是公力救济的方式，都必然要付出救济成本，这种成本若不能转嫁给加害一方，那么在旧的均衡恢复的同时，新的不均衡又将随之产生，受害一方将继续受害，这显然违背了法律的公平原则。由此可见，因过错行为受到损害的一方，只有将为维护自己的权益即恢复失衡的利益关系所付出的救济成本转嫁给加害一方，自己的合法权益才能得到全面保障，法律的公平价值才能得到实现。[1]

（一）实现当事人诉讼（仲裁）成本合理分担的需要

一般情况下，当事人为了使自己的权益不受到损失或能使自己的利益在法定范围内最大化，在进行一些民事活动时委托律师提供法律帮助，费用由当事人自己承担是合理的。但如果当事人的合法权益受到非法侵害或者与他人发生争议，并且这一权益需要经过诉讼予以维护或确认时，作为胜诉方，当事人委托律师支出的费用仍由自己承担，就显得十分不合理。当合法权益受到损害时，当事人提起诉讼必然需要支出成本，因为参加诉讼需要参与搜集证据、立案、举证、辩论等诉讼行为，会花费大量精力、时间、金钱。而当

---

[1] 徐舜岐、孙文胜：《律师费转付制度刍议》，载《安徽警官职业学院学报》2005年第5期，第37—39页。

事人委托律师代理诉讼，可以节省大量在时间、精力和金钱上的付出，然而我国实行律师有偿服务制度，导致受害人在维护合法权益时又会增添成本。

根据我国民事法律的基本精神，权利受到侵害时，权利人有权获得赔偿。权利人的损失范围应当包括侵权行为人的违法行为致使权利人扩大的开支或减少的收益，作为胜诉方，当事人在维护自身合法权益时委托律师代理诉讼所产生的费用，与对方的违法行为具有因果关系，将其计入损失部分而获得败诉方的赔偿，是完全合情合理的。否则，一方面法律规定当事人有委托律师代理诉讼的权利，另一方面又要胜诉一方的当事人以损失自己的财产为代价来行使这项权利，显然违背了立法的初衷。[1]

现代法律的基本精神要求完整地保障权利人的合法权益而非部分权益。如果当事人为了维护自己的合法权益被迫诉讼（仲裁）而聘请律师的合理费用不能由对方承担，即使法院（仲裁庭）判决（裁决）当事人全部胜诉了，但当事人却因诉讼（仲裁）活动花费了人力、物力，多支付了一部分本不该付出的费用（包括诉讼费用或仲裁费用、律师费等），从这个意义上说，其权益仍然没有得到完整的维护，依然是不公平、不合理的。试想一下，侵权人在媒体或公开场合轻松地实施名誉侵权，而被侵权人却必须进行大量的调查取证工作，聘请律师诉诸法院，并且经过艰苦卓绝的诉讼斗争之后，得到的胜诉判决可能仅仅是停止侵权、赔礼道歉以及数额极低的象征性赔偿。这不足以弥补当事人的实际损失，甚至获得的损害赔偿金还不足以冲抵被侵权人聘请

---

[1] 高凤江：《民事诉讼律师费由败诉方负担问题研究》，第16页。

律师调查取证的费用。"赢了官司输了钱",这一现象严重伤害了维权者运用法律途径解决纠纷的积极性。律师费用是败诉方强加给胜诉方的诉讼成本,如果这部分费用仍然由胜诉方承担,不仅有违法律的公正,而且还会助长败诉方滥用诉权来消耗胜诉方当事人及司法机关的人力、物力的不良现象,因此要求败诉方承担律师费是实现当事人诉讼成本合理分担的需要。①

(二)维护公民、法人和其他组织合法权益的需要

保障权利是法律的精髓。但是,任何寻求法律救济的维权手段总是和维权成本(包括请律师所需的合理费用)相联系的,如果因维护法律规定的权利而产生的费用在维权人胜诉时仍然由维权人承担,他们将会因请不起律师而放弃维护权利,或是因请律师而增加的费用损失得不到应有的赔偿。显然,这两种情况都无法使法律规定的权利受到充分保护。因此,世界上所有重视法治的国家,在鼓励公民、法人和其他组织积极维护自身、他人的合法权益以及社会公共利益的同时,大都规定当事人为维护法律规定的权利而产生的费用由不法侵害人来承担。加之法律具有滞后性,现实生活中不断涌现出各种新情况、新问题,如果对这些新情况、新问题一味保持回避的态度,将不利于社会经济、文化,包括立法本身的不断发展。因此,司法实践中,法院对于当事人提出的律师费承担的诉讼请求不予处理的观点和做法已经不适应人们对法制现代化的要求,也不符合立法关于充分保障公民、法人和其他组织合法权益不受侵害,有效防止和制裁违法行为的

---

① 谢芳燕:《论我国律师费转付制度的构建》,第14—15页。

第四章 在我国推进律师费转付制度的正当性之分析 <<<

立法精神。

（三）保障公民诉权，平等享受法律服务的需要

有的学者认为我国目前还没有像德国、法国等国家那样实施强制性的律师代理制度，在这种情况下实施律师费转付制度不可能得到真正意义上的贯彻实施。然而，综观我国当今的法律制度，不仅在法律法规的数量上较以往有大幅度增加，而且制度之间的逻辑联系也变得更加复杂。在进行诉讼或仲裁的过程中，如果没有律师提供的法律帮助，大多数当事人无法应对复杂的诉讼（仲裁）程序。由此看来，律师提供诉讼法律服务已经转变为诉讼双方当事人的基本需求。如果可以预期到胜诉后律师费将由对方负担，在权益受到侵害时，当事人就会以更加积极的心态行使诉权，而不会因经济状况的限制而不敢启动诉讼或者仲裁程序。

相反，如果不实行律师费转付制度，律师费由诉讼（仲裁）双方当事人自行承担，由于双方当事人的经济状况不同，势必使得一部分当事人不能得到律师提供的帮助。有学者指出，法律援助制度可以解决这一问题，但事实上法律援助的对象和范围都有严格的规定，所以该问题仍然得不到彻底的解决，实施律师费转付制度无疑可以解决这一问题，这也符合民法上所规定的由过错方承担法律责任的原则。

（四）满足减少当事人讼累，促使律师行业发展的需要

我国当前司法实践中一个突出的问题是有限的司法资源无力应对激增的案件数量，法院常常被大量琐碎的民事纠纷所纠缠，没有更多的时间去详细而周密地研讨案件。这样使法官既保证不了所办

>>> 关于推进律师费转付制度的调研报告

案件的质量,同时更无法抽出时间来充实提高自己的专业素质和理论水平。[①] 实施律师费转付制度以后,由败诉方承担胜诉方诉讼费用和律师费,在出现相关纠纷的情况下,一般而言当事人首先会向律师咨询,让律师对自己在此纠纷中的收益和前景从专业角度上作出判断,如果己方胜诉的可能性不大,他们会根据律师的意见优先采用其他纠纷解决方法,这样大量的争议问题将会通过和解或调解等其他手段得到解决,避免了许多不必要的诉讼,从而节约了国家有限的司法资源。

律师费转付制度的实行,对于律师业的发展是一把"双刃剑",一方面,该制度使得律师更容易为广大的民众所接受,他们将更积极地以法律为手段与强势力量做斗争,以维护合法权益,律师的作用和价值也大为彰显。另一方面,对于律师而言,除非不承办诉讼或仲裁业务,否则任何律师都有败诉的可能性,有的败诉方当事人甚至会将案件败诉的责任归咎于律师,对其业务能力表示质疑,甚至向有关部门投诉,导致该律师名誉受损。无论是从法律责任的意义上讲,还是从律师个人的名誉损害方面来看,实施律师费转付制度造成的后果都无法预见。所以要想在律师行业立足,就要有稳定的案源,在前来寻求其承担诉讼、仲裁业务的当事人较多时,每一个律师必须做到认真负责,全面了解所代理的各种案件,及时向委托方提供案件进展情况,这必将成为促使律师敬业、提高整个律师行业的整体服务素质的强大力量。

---

① 吕中伟、冷海涛:《程序制裁:一个解读律师费转付制度的新视角》,载《延边党校学报》2013年第6期,第59—61页。

第四章 在我国推进律师费转付制度的正当性之分析

综上，律师费转付制度并不只关乎律师管理制度本身，更重要的意义在于它是与纠纷化解密切相关的一项制度，具有重要的价值基础和实践意义：

首先，通过律师费的杠杆作用可以促进纠纷化解。适用律师费转付机制的根本价值在于通过对纠纷解决成本的调节来促进纠纷的解决。从经济学的角度看，纠纷解决机制的设计最为重要的是让违法者承担违法成本，而不是要求他向受害者支付损害赔偿，这可以维护诉讼的威慑效应。也就是说，在这一项制度的驱动下，当事人不仅要考虑违法行为本身带来的成本，更要考虑纠纷解决的合法性与适当性。律师费用的承担就如同天平的准星，游走于当事人之间，平衡双方利益配置，通过激励或约束双方当事人的行为，影响、甚至决定纠纷解决的走势。

其次，通过律师费转付制度可以促进当事人诚信理性诉讼。有研究表明，律师费转付制度更能鼓励原告主张权利，有助于当事人诉前理性判断与评估诉求，并谨慎采取诉讼行动，同时也能防止虚假或不理性的诉讼。败诉方之所以会败诉，必然是因为其存在违约、侵权、拒不返还不当得利、拒不支付无因管理费用等不当行为，这也是导致诉讼发生的直接原因。胜诉方的律师费损失与败诉方的违法行为之间存在一定的因果关系，正是因为败诉方未依法履行其民事责任，才导致诉讼的产生，因而判令胜诉方律师费的损失由败诉方承担，一方面，有利于鼓励当事人依法主张权利；另一方面，有利于阻遏违法行为，减少虚假、恶意诉讼，更有利于诉讼当事人在履行民事义务的过程中尽到谨慎注意和诚实协作的义务。

二、在我国推进律师费转付制度的法律依据

（一）与律师费转付制度相关的全国性规范

鉴于全国性法律规范纷繁复杂，本调研报告将按照案件类型对与律师费转付制度相关的法律规范进行梳理。

1. 双方约定律师费承担规则的案件

根据《合同法》第 8 条第 1 款的规定，"依法成立的合同，对当事人具有法律的约束力。当事人应当按照约定履行自己的义务，不得擅自变更或者解除合同。"根据合同自由原则，只要双方当事人在合同中有约定诉讼费由败诉方承担，那么在起诉或仲裁时，关于诉讼费的诉讼请求一般都会得到支持。也就是说，如果在依法成立的合同中双方明确约定了出现法律纠纷时胜诉方的律师费由败诉方承担，那么这一约定就应受法律保护，且对双方产生约束力。因此，合同双方在拟定合同时，可将诉讼费列为违约赔偿内容，甚至可以将诉讼费的承担方式、承担标准也详细列明。在拟定这样的违约条款时，须特别注意明确写明"诉讼费"，其他如"实现债权的费用"等均属约定不明确，可能不会得到关于诉讼费的支持，法院对此约定的审查非常严格。原告在起诉时须提交与事务所签订的委托合同和事务所开具的诉讼费发票作为诉讼费支付的证据，律师费的约定应当合理。但是支持的具体数量会取决于法官的自由裁量权，根据案件性质酌情支持，通常法院会支持"合理"的诉讼费用，而并非全部的费用。

2. 合同纠纷中债权人行使撤销权的诉讼案件

《〈合同法〉司法解释一》第 26 条规定："债权人行使撤销权所支

付的律师代理费、差旅费等必要费用,由债务人负担;第三人有过错的,应当适当分担。"依照《合同法》第74条规定,撤销权之诉的当事人包括三类:因债权人放弃到期债权而受益的人;因债权人无偿转让财产的受让人;因债务人低价转让财产的恶意受让人。由于撤销权之诉将直接涉及受益人和受让人的利益,所以当债权人提起撤销权之诉时,人民法院可以追加受益人或者受让人为第三人。

撤销权之诉是因为债务人实施危害债权人利益的行为而引起的,所以债权人因提起撤销权之诉而发生的律师代理费、差旅费等必要费用,应当由债务人承担。律师代理费的标准应当依照国家司法行政机关规定的律师收费标准合理确定;差旅费应当依照国家有关部门规定的差旅费标准合理确定;其他必要费用由人民法院根据个案情况和实际发生的必要的合理支出予以确定,包括通讯费、文印费等。如第三人(受益人和受让人)对债务人实施危害债权人利益的行为存在过错,则该第三人应当适当分担上述费用,具体分担比例由人民法院根据第三人的过错程度予以确定。

3. 人身损害赔偿案件

《民法通则》第119条规定:"侵害公民身体造成伤害的,应当赔偿医疗费、因误工减少的收入、残废者生活补助费等费用;造成死亡的,并应当支付丧葬费、死者生前扶养的人必要的生活费等费用。"

最高人民法院《关于审理人身损害赔偿案件适用法律若干问题的解释》第17条第3款规定:"受害人死亡的,赔偿义务人除应当根据抢救治疗情况赔偿本条第一款规定的相关费用外,还应当赔偿丧葬费、被扶养人生活费、死亡补偿费以及受害人亲属办理丧葬事宜支出的交通费、住宿费和误工损失等其他合理费用。"

4. 利用信息网络侵害人身权益民事纠纷案件

最高人民法院《关于审理利用信息网络侵害人身权益民事纠纷案件适用法律若干问题的规定》第18条第1款和第2款规定："被侵权人为制止侵权行为所支付的合理开支，可以认定为侵权责任法第二十条规定的财产损失。合理开支包括被侵权人或者委托代理人对侵权行为进行调查、取证的合理费用。人民法院根据当事人的请求和具体案情，可以将符合国家有关部门规定的律师费用计算在赔偿范围内。被侵权人因人身权益受侵害造成的财产损失或者侵权人因此获得的利益无法确定的，人民法院可以根据具体案情在50万元以下的范围内确定赔偿数额。"

该《规定》清晰地界定了网络服务提供者侵权责任构成要件，通过列举的方式，针对"通知""及时""知道"规定了明确的构成要素与参照要素，整体上平衡了网络服务提供者与受害人之间的利益，有利于法律适用标准的统一，具有很强的可操作性。

5. 担保权诉讼案件

《担保法》第21条第1款规定："保证担保的范围包括主债权及利息、违约金、损害赔偿金和实现债权的费用……"债务人如约履行债务，债权人的权益即能得到实现，然而由于债务人不履行义务，债权人不得不通过诉讼的方式来实现权利，由此所支付的诉讼费是当事人为实现其债权而支出的费用，属于当事人的财产损失，《担保法》第21条规定的"实现债权的费用"应当包括合理的诉讼费。实现债权的费用，是指债务履行期限届满债务人不履行债务的，债权人为了实现债权所支出的费用，包括诉讼费、仲裁费、拍卖费用、通知保证人费用以及其他的合理费用。

6. 知识产权侵权案件

（1）著作权侵权案件

《著作权法》第49条规定："侵犯著作权或者与著作权有关的权利的，侵权人应当按照权利人的实际损失给予赔偿；实际损失难以计算的，可以按照侵权人的违法所得给予赔偿。赔偿数额还应当包括权利人为制止侵权行为所支付的合理开支。权利人的实际损失或者侵权人的违法所得不能确定的，由人民法院根据侵权行为的情节，判决给予五十万元以下的赔偿。"根据最高人民法院《关于审理著作权民事纠纷案件适用法律若干问题的解释》第26条的规定，"著作权法第四十八条第一款规定的制止侵权行为所支付的合理开支，包括权利人或者委托代理人对侵权行为进行调查、取证的合理费用。人民法院根据当事人的诉讼请求和具体案情，可以将符合国家有关部门规定的律师费用计算在赔偿范围内"。

（2）商标侵权案件

2019年11月1日生效的《商标法》第63条第1款、第2款和第3款规定："侵犯商标专用权的赔偿数额，按照权利人因被侵权所受到的实际损失确定；实际损失难以确定的，可以按照侵权人因侵权所获得的利益确定；权利人的损失或者侵权人获得的利益难以确定的，参照该商标许可使用费的倍数合理确定。对恶意侵犯商标专用权，情节严重的，可以在按照上述方法确定数额的一倍以上五倍以下确定赔偿数额。赔偿数额应当包括权利人为制止侵权行为所支付的合理开支……权利人因被侵权所受到的实际损失、侵权人因侵权所获得的利益、注册商标许可使用费难以确定的，由人民法院根据侵权行为的情节判决给予五百万元以下的赔偿。"最高人民法院《关于审理商标民事纠纷案件适用法律若干问题的解释》第 17 条规定："商标法第五十六条第一款规定的制止侵权行为所支付的合理开支，包括权利人或者委托代理人对侵权行为进行调查、取证的合理费用。人民法院根据当事人的诉讼请求和案件具体情况，可以将符合国家有关部门规定的律师费用计算在赔偿范围内。"

（3）专利侵权案件

《专利法》第 65 条规定："侵犯专利权的赔偿数额按照权利人因被侵权所受到的实际损失确定；实际损失难以确定的，可以按照侵权人因侵权所获得的利益确定。权利人的损失或者侵权人获得的利益难以确定的，参照该专利许可使用费的倍数合理确定。赔偿数额还应当包括权利人为制止侵权行为所支付的合理开支。权利人的损失、侵权人获得的利益和专利许可使用费均难以确定的，人民法院可以根据专利权的类型、侵权行为的性质和情节等因素，确定给予一万元以上一百万元以下的赔偿。"最高人民法院《关于审理专利纠纷案件适用法律问题的若干规定》第 22 条规定："权利人主张其为制止侵权行为所支付合理开支的，人民法院可以在专利法第六十五条确定的赔偿金额之外另行计算。"

7. 不正当竞争案件

《反不正当竞争法》第 17 条第 3 款规定："因不正当竞争行为受到损害的经营者的赔偿数额，按照其因被侵权所受到的实际损失确定；实际损失难以计算的，按照侵权人因侵权所获得的利益确定。经营者恶意实施侵犯商业秘密行为，情节严重的，可以在按照上述方法确定数额的一倍以上五倍以下确定赔偿数额。赔偿数额还应当包括经营者为制止侵权行为所支付的合理开支。"

该条明确规定经营者为制止侵权行为所支付的合理开支应当包括在赔偿数额中，与其他知识产权损害赔偿规则达成一致。在不正当竞争诉讼中，调查不正当竞争行为尤为重要，由此产生的调查费用应当由侵权人承担。由于不正当竞争行为往往会对竞争对手的财产权和非财产权造成极大损害，因此在实践中，有的被侵害的经营者为了保护自己的合法权益，经常采取对侵权人的不正当竞争行为进行调查的方式，以获取充分的证据，并运用恰当手段维护自己的合法权益，如向工商行政管理机关投诉，请求追究侵权人的行政责任，或者向人民法院起诉，请求追究侵权人的损害赔偿责任。被侵害的经营者进行调查，需要支付一定的费用，其性质属于实际损失的范畴，应计算在损害的后果之中，由侵权人承担。值得指出的是，调查费用的范围和标准应当合理，凡有国家规定的，按照规定执行；国家没有规定的，则依照惯例。调查费用是否合理，一般由双方当事人协商确定，协商不成的，由处理该侵权纠纷的人民法院予以认定。

8. 不参与调解或明显恶意导致调解不成的案件

最高人民法院、司法部《关于开展律师调解试点工作的意见》第15条规定："发挥诉讼费用杠杆作用。当事人达成和解协议申请撤诉的，人民法院免收诉讼费。诉讼中经调解当事人达成调解协议的，人民法院可以减半收取诉讼费用。一方当事人无正当理由不参与调解、或者明显恶意导致调解不成的，人民法院可以根据具体情况对无过错方依法提出的赔偿合理的律师费用等正当要求予以支持。"

最高人民法院《关于人民法院进一步深化多元化纠纷解决机制改革的意见》第38条规定："发挥诉讼费用杠杆作用。当事人自行和解而申请撤诉的，免交案件受理费。当事人接受法院委托调解的，人民法院可以适当减免诉讼费用。一方当事人无正当理由不参与调解或者不履行调解协议、故意拖延诉讼的，人民法院可以酌情增加其诉讼费用的负担部分。"

9. 恶意诉讼案件

《最高人民法院关于进一步推进案件繁简分流优化司法资源配置的若干意见》第22条规定，"……当事人存在滥用诉讼权利、拖延承担诉讼义务等明显不当行为，造成诉讼对方或第三人直接损失的，人民法院可以根据具体情况对无过错方依法提出的赔偿合理的律师费用等正当要求予以支持。"

2016年9月出台的最高人民法院《关于进一步推进案件繁简分流优化司法资源配置的若干意见》中规定，"引导当事人诚信理性诉讼。加大对虚假诉讼、恶意诉讼等非诚信诉讼行为的打击力度，充分发挥诉讼费用、律师费用调节当事人诉讼行为的杠杆作用，促使当事人选择适当方式解决纠纷。当事人存在滥用诉讼权利、拖延承担诉讼义务等明显不当行为，造成诉讼对方或第三人直接损失的，人民法院可以根据具体情况对无过错方依法提出的赔偿合理的律师费用等正当要求予以支持。"该项规定赋予了法院一定的裁量权，律师费由败诉方承担不再局限于特定类型案件、当事人约定的情形，而延伸到各类型案件。当然，法院判断当事人的诉讼行为有无不当时应妥善行使裁判机关的审查职责。

10. 法律援助案件

法律援助是国家以法律化、制度化的形式为经济困难或特殊案件的当事人提供减免法律服务费用、以保障其合法权益得以实现的一项法律制度。它体现了国家和政府对公民权利的保护，是司法制度的组成部分。目前在法律援助案件中，律师费转付制度的建立不够完善，法律援助的相关规定中关于律师费转付问题的法律法规较少，多为诉讼费用减免之规定：

（1）最高人民法院、司法部《关于民事法律援助工作若干问题的联合通知》第7条规定："法律援助人员办理法律援助案件所需差旅费、文印费、交通通讯费、调查取证费等办案必要开支，受援方列入诉讼请求的，人民法院可根据具体情况判由非受援的败诉方承担。"因此律师在办理法律援助案件时，建议将律师费列入诉讼请求，要求败诉方承担。

（2）最高人民法院、最高人民检察院、公安部、司法部、民政部、劳动和社会保障部、教育部、卫生部、中国残疾人联合会关于印发《〈残疾人法律救助"十一五"实施方案〉实施办法》的通知第3条明确规定，应完善残疾人法律救助体系："（一）人民法院，各级人民法院要按照国务院制定的《诉讼费用交纳办法》和最高人民法院《关于对经济确有困难的当事人提供司法救助的规定》，对符合条件的残疾当事人的诉讼费用实行缓、减、免。对于已经接受法律援助的残疾人申请司法救助的，应当直接给予相应的司法救助。各级人民法院要简化残疾人申请司法救助的程序，并且根据当地的经济发展水平，逐步扩大对残疾人进行司法救助的范围。"这是继最高人民法院、司法部《关于刑事法律援助工作的联合通知》之后的又一个关于法律援助工作的规范性文件，对我国法律援助制度的发展起着极为重要的推动作用。

（3）最高人民法院、最高人民检察院、司法部、公安部、民政部、人力资源和社会保障部、教育部、卫生部、财政部、中国残疾人联合会关于印发《残疾人法律救助"十二五"实施方案》的通知第3条规定了主要措施："积极为残疾人提供司法救助。各级人民法院对符合条件的残疾人当事人减免相关诉讼费用，简化申请司法救助的程序，逐步扩大对残疾人进行司法救助的范围。各级人民检察院积极加强残疾人权益保障，为有需求的残疾人提供相应司法救助服务。"

（4）2007年8月20日出台的《企业工会主席合法权益保护暂行办法》第5条第2款规定："在企业拒不改正的情况下，上级工会要提请劳动行政部门责令该企业改正，直至支持权益受到侵害的工会主席向人民法院提起诉讼。对于发生劳动争议，工会主席本人申请仲裁或者提起诉讼的，应当为其提供法律援助，支付全部仲裁、诉讼费用。"

（二）与律师费转付制度相关的地方性规范

一般而言，诉讼费用包括案件受理费、上诉费、保全费等费用，需要由当事人预交，对方败诉后，根据对方败诉的比例，诉讼费用全部或者部分由败诉方承担。除此以外的其他费用，包括律师费、诉讼担保服务费用、交通费用、调查取证费用由当事人自行承担，但是法律另有规定，以及当事人双方另有书面约定的，从其约定。各地关于律师费转付的规范和法院意见差异较大，下文按照案件类型对典型省市的情况予以说明。

1. 股东代表诉讼案件

《江苏省高级人民法院关于审理适用公司法案件若干问题的意见（试行）》（苏高法审委〔2003〕2号）第78条规定："人民法院支持股东代表诉讼请求的，应当将诉讼请求的利益判归公司，诉讼费用由被告方负担，因诉讼发生的其他合理费用如律师代理费、差旅费等由公司负担；人民法院不支持股东代表诉讼请求的，与诉讼相关费用均由提起诉讼的股东负担；部分支持的，按比例确定上述费用的负担。"

2. 知识产权一般民事案件

《浙江省高级人民法院民事审判第三庭关于审理知识产权民事案件若干问题的讨论综述》（浙法民三〔2004〕3号）第1条第3款规定："关于律师代理费的保护，最高法院《关于审理专利纠纷案件适用法律问题的若干规定》第二十二条规定，权利人因调查、制止侵权所支付的合理费用可以计算在赔偿数额范围之内。该合理费用应包括律师代理费。在确定律师代理费的保护额度时，应考虑以下因素：律师收费标准、律师费实际收取情况、律师工作量、案件难易程度、侵权情节、诉请支持比例、法院诉讼费收取情况等。"

3. 知识产权侵权纠纷案件

重庆市高级人民法院关于印发《关于确定知识产权侵权损害赔偿数额若干问题的指导意见》的通知（渝高法〔2007〕89号）第26条规定："律师代理费是指我国执业律师收取的符合国家有关部门规定的诉讼代理费用。在确定合理的代理费数额时，应综合考虑权利人诉讼请求被支持的程度以及请求赔偿额与实际判赔额的比例等因素。"

《江苏省高级人民法院关于知识产权侵权损害适用定额赔偿办法若干问题的指导意见》第19条规定："因制止侵权行为所支付的合理费用，包括：1. 公证费；2. 调查取证费；3. 咨询费、档案查询费、翻译费；4. 交通费、住宿费；5. 材料印制费；6. 律师代理费；7. 原告为制止侵权行为支付的其他合理费用。对上述费用的合理性、必要性和关联性应当进行审查。"第 22 条规定："原告要求支付律师代理费的，可以参考国家司法行政部门规定的律师收费标准、实际判赔额和请求赔偿额的比例等因素合理酌定。原告提出前款诉讼请求，应当提供执业律师已实际收取费用的正规票据。"

4. 商业秘密侵权纠纷案

《河南省高级人民法院商业秘密侵权纠纷案件审理的若干指导意见（试行）》第 6 条规定："商业秘密侵权诉讼中的民事责任是侵权行为人违反《反不正当竞争法》及其他商业秘密保护的法律规定，侵犯他人商业秘密，给被侵害的经营者造成损害，依法应承担的民事责任……权利人请求赔偿制止侵权行为而产生的费用，如调查费用、律师代理费用等，只要有相应的合法证据，且该部分支出在合理限度之内，可以予以保护。"

5. 一般侵权纠纷案件

上海市高级人民法院关于印发《关于民事案件审理的几点具体意见》的通知（沪高法民〔2000〕44号），在该通知中针对侵权损害赔偿纠纷案件作出说明："所谓损失，是指因违约方或加害人的不法行为给受害人带来的财产利益的丧失。律师费在性质上应属于财产利益，原则上可以作为损失，但不能超过加害人或违约方应当预见到的范围。鉴于目前律师收费有按规定收费和协议收费两种，我们认为，受害人与律师协商确定的律师费，如果高于有关规定的，则高出部分可认为超过了加害人或违约方应当预见的范围，对超出部分应不予支持。"

6. 交通事故纠纷案件

2005 年上海市高级人民法院关于下发《关于审理道路交通事故损害赔偿案件若干问题的解答》（沪高法民一〔2005〕21号）的通知明

第四章 在我国推进律师费转付制度的正当性之分析 <<<

确规定:"在相关赔偿责任确立后,如何正确把握赔偿范围,是侵权赔偿的司法难点之一。我们认为,可诉求赔偿的损失包括直接损失和间接损失(可得利益损失)。根据现有法律规范、最高人民法院司法解释精神和司法实践经验,对由事故引起的人身、财产损失均应适用全部赔偿原则,即赔偿范围依据损失范围合理规定,考量当事人提出的损失是否已实际发生,且为必须合理。当事人请求赔偿为处理事故产生的费用(如交通费、误工费、取证费、律师费等)的,若该费用已实际发生,且为必须合理,可予以支持。"

在交通事故损害赔偿案件中,当事人诉求《最高人民法院关于审理人身损害赔偿案件适用法律若干问题的解释》第17条未涉及的费用,如受损交通工具修理期间另行租车费用、租用拐杖等康复工具的费用、为处理事故产生的费用(如交通费、误工费、取证费、律师费等)等,应如何处理?该解答回应如下:"在相关赔偿责任确立后,如何正确把握赔偿范围,是侵权赔偿的司法难点之一。我们认为,可诉求赔偿的损失包括直接损失和间接损失(可得利益损失)。根据现有法律规范、最高人民法院司法解释精神和司法实践经验,对由事故引起的人身、财产损失均应适用全部赔偿原则,即赔偿范围依据损失范围合理规定,考量当事人提出的损失是否已实际发生,且为必须合理。如当事人请求受损交通工具修理期间另行租车费用的,可以从未发生交通事故前,当事人使用车辆是否必要、合理(如其是否是车辆的实际所有人、使用车辆的目的、车辆的用途、是否已支出租车费用等为标准)来判断当事人是否发生另行租车的损失。若当事人确需另行租车,且有租车事实,就其租车发生的损失的赔偿标准应参照租赁公司出租一般普通型车辆的费用,赔偿的期间应等同或短于从事故发生之日起至车辆修

· 115 ·

复完毕应从修理厂提取之日止的期间。当事人请求赔偿为处理事故产生的费用（如交通费、误工费、取证费、律师费等），若该费用已实际发生，且为必须合理，可予支持。"

此外，《上海市高级人民法院民事审判第一庭道路交通事故纠纷案件疑难问题研讨会会议纪要》第18条规定："在侵权案件中律师费的支付标准。律师费并非是《侵权责任法》、《人身损害司法解释》规定的法定赔偿项目。但考虑到受害人因诉讼聘请律师确实会产生一定损失，上海高院在沪高法民〔2000〕44号文中明确律师费可以作为损失予以支持。但考虑到律师收费有多种标准，包括计时、计件等，还有风险代理等，且不同级别的律师收费标准也不同，故我们认为仍参照现有做法，即结合案件的难易程度及案件标的等因素来综合确定，一般情况下律师费赔偿的标准不宜高于10000元，由法官根据案情酌定。"

7. 劳动争议案件

根据《深圳经济特区和谐劳动关系促进条例》第58条规定，劳动者的律师费由用人单位承担："劳动争议仲裁和诉讼案件，劳动者胜诉的，劳动者支付的律师代理费用可以由用人单位承担，但最高不超过五千元；超过五千元的部分，由劳动者承担。"

深圳市第六届人民代表大会常务委员会第四次会议审议了深圳市中级人民法院提出的《关于提请解释〈深圳经济特区和谐劳动关系促进条例〉第五十八条的议案》，作出如下解释："劳动者主张由用人单位承担律师代理费的，应当在提起劳动争议仲裁或者诉讼时一并提出。但劳动者作为仲裁被申请人或者诉讼被告、被上诉人、再审被申请人等无法提起仲裁请求或者诉讼请求的除外。最高不超过五千元，是指在一起劳动争议处理整个过程中（包括仲裁、诉讼、执行等阶段），劳动争议仲裁机构或者人民法院裁决用人单位承担劳动者支付的律师代理费的总额上限。"

8. 诉讼费用争议案件

广东省高级人民法院《关于进一步加强诉调对接工作的规定》第7条规定："发挥诉讼费用的杠杆作用。当事人申请司法确认的，依法不收取诉讼费用。开庭审理前，当事人自行和解而申请撤诉的，免交案件受理费。当事人接受调解的，人民法院可以根据调解阶段、调解结果等，适当减免诉讼费用。除案件性质不适宜调解或者经过依法成立的调解组织调解等情形外，一方当事人无正当理由不参与调解或者不履行调解协议、故意拖延诉讼的，人民法院可以酌情增加其负担百分之三十以上的诉讼费用。"

9. 民间借贷纠纷案件

《江苏省高级人民法院关于审理民间借贷纠纷案件的会议纪要》第6条规定："会议还对民间借贷纠纷案件审理中如何防范和制裁虚假诉讼、如何处理违背公序良俗的借贷行为、如何审查诉讼时效、如何处理借贷双方约定的律师费用等问题进行了讨论，一致认为：

（一）人民法院在审理民间借贷纠纷案件时,要注意防范虚假诉讼。经审查发现当事人之间存在恶意串通，企图通过诉讼、调解等方式侵害他人合法权益情形的，人民法院应当驳回其诉讼请求，并根据情节轻重予以罚款、拘留；构成犯罪的，依法追究刑事责任。

（二）对于下列违背社会公序良俗的借贷行为，原告起诉要求偿还借款的，人民法院应当判决驳回其诉讼请求：

1.因非婚同居、不正当两性关系等行为产生"青春损失费""分手费"等有损公序良俗的债务转化的借贷；

2. 因赌博、吸毒形成的债务；

3. 因托人情、找关系等请托形成的债务；

4. 其他违背社会公序良俗的借贷。

上述款项已经给付的部分，资金提供者主张返还的，不予支持。

（三）出借人依据未约定还款期限的借据提起诉讼，其诉讼时效期间应当自出借人要求借款人履行义务的宽限期届满之日起计算，最长不得超过20年。

（四）民间借贷纠纷案件中，当事人双方对为实现债权支出的律师费用有约定的，按照约定处理；但一方当事人请求扣除超出合理部分的律师费用的，人民法院应当予以支持。"

综观我国针对律师费的相关规范，可以看出，目前对律师费的承担规则基本引自《民法通则》与《合同法》，并没有专门的一般性规则。《民法通则》第112条第1款规定："当事人一方违反合同的赔偿责任，应当相当于另一方因此所受到的损失。"第117条规定："侵占国家的、集体的财产或他人财产的，应当返还财产，不能返还财产的，应当折价赔偿。损坏国家的、集体的财产或他人财产的，应当恢复原状或折价赔偿。受害人因此遭受其他重大损失的，侵害人并应当赔偿损失。"第119条规定："侵害公民身体造成伤害的，应当赔偿医疗费、因误工减少的收入、残疾者生活补助费等费用……"《合同法》第113条第1款规定："当事人一方不履行合同义务或者履行合同义务不符合约定，给对方造成损失的，损失赔偿额应当相当于因违约所造成的损失"。这些法律规定基本涵盖了我国民事纠纷的主要领域——侵权和违约。

针对侵权，《民法通则》进行了列举，同时又给出了兜底条款，受

第四章 在我国推进律师费转付制度的正当性之分析

害人受到其他损失也属于赔偿范围以内的费用,应当由加害人赔偿。那么我们面临的主要问题就是,律师费是否属于由于侵权所造成的损失?当事人聘请律师支出律师费是为了维护自己的合法权益,当事人维护自身合法权益是因为侵权行为人的违法行为引起的,由此可见,受害人支出的律师费是由于侵权行为人的违法行为产生的,也就是说没有侵权行为就不会产生律师费。因此,律师费的产生是侵权行为人所造成的,它自然属于侵权损失,应当由侵权行为人来承担。

对违约而言,一方当事人不履行合同致使对方依法维护权益,聘请律师支出的费用就是因为违约行为人所造成的,属于守约一方当事人的损失,应当由违约方来承担。所以,无论是侵权行为,还是违约行为,受到损失一方的当事人在寻求司法救济的过程中,无论是自己诉讼还是聘请律师代理诉讼,其付出的救济成本都是必然的和不可避免的,只不过受害当事人自行诉讼付出的是误工费,而聘请律师付出的是律师代理费用,但无论是误工费用还是律师费用,都是受害方当事人为了诉讼而支出的救济成本,这种成本是因侵权或违约者所造成的,理应得到赔偿,这样才符合我国民商法规定的"赔偿实际损失"的原则。①

此外,对于合同纠纷案件中当事人对于律师费的负担进行约定的做法应当给予肯定。上文提到我国《合同法》第8条规定,"依法成立的合同,对当事人具有法律的约束力。当事人应当按照约定履行自己的义务,不得擅自变更或者解除合同。"这充分体现了当事人意思自治的原则,根据此规定,对当事人约定的律师代理费由败诉方承担当然

---

① 高凤江:《民事诉讼律师费由败诉方负担问题研究》,第71页。

应该予以支持。[1]与此同理,《担保法》没有规定保证担保的范围仅限于主债权及利息、违约金、损害赔偿及实现债权的费用,而只是规定保证担保的范围"包括"以上内容,所以保证合同当事人可以根据实际情况,约定保证担保范围的具体内容。当事人对保证担保的范围的约定等于或者小于《担保法》规定的保证范围的,应当按照当事人的约定确定保证担保的范围。如果当事人约定的保证担保的范围大于《担保法》规定的保证范围的,应依照《担保法》的规定还是按照当事人的约定呢?《担保法》对此问题未作说明。保证人承担保证责任的范围以主债务(包括利息、违约金等主债务的从债务)为限,保证合同当事人约定的保证范围即使大于这个范围,保证人也可以依法要求缩减至主债务的限度之内。只有这样才能体现保证责任的从属性,符合设立担保制度的宗旨,有利于保护债权人利益和合理确定保证人的保证责任。因此,保证合同当事人对于保证担保范围的约定,原则上应当以债务人的责任范围为限,不宜在此之外增加保证人的负担。当事人对保证的范围没有约定或者约定不明确的,保证人应当对全部债权承担责任。这里的"全部债权",应当理解为保证范围所包括的内容,即主债权及利息、违约金、损害赔偿金和实现债权的费用。

然而,由于目前尚未出台原则性规范,所以在具体案件中适用的律师费用转付通常引用最高人民法院出台的相关司法解释,如上文提到的《〈合同法〉司法解释一》第26条所规定的"债权人行使撤销权所支付的律师代理费、差旅费等必要费用,由债务人负担;第三人有过错的,应当适当分担"。再如最高人民法院针对包括知识产权、著作

---

[1] 高凤江:《民事诉讼律师费由败诉方负担问题研究》,第71页。

权、专利纠纷等特定类型案件出台的司法解释对律师费的负担问题进行了专门的规定。针对特定案件进行明确规定，是考虑到这些案件具有高度的专业性，当事人在维权过程中可能因个人专业水平出现难以维权的问题。

就地方性规范而言，上海在推进律师费转付制度方面走在了全国的前列。2000年，上海市高级人民法院关于印发《关于民事案件审理的几点具体意见》的通知中针对人身损害赔偿案件就提出"律师费在性质上属于财产利益，原则上可作为损失"。之后就交通事故损害赔偿、一般侵权案件也形成了独特的处理模式，值得全国的司法系统学习。浙江省、江苏省、重庆市、河南省等地针对特殊案件也出台了更为详细的地方性规范。2016年9月，最高人民法院《关于进一步推进案件繁简分流优化司法资源配置的若干意见》出台，该项规定充分明确了律师费由败诉方承担不再局限于特定类型案件、当事人约定的情形，也可以延伸到各类型案件中，这标志着我国律师费转付制度在立法层面上推进了一大步，目前在我国推进该制度具有立法上的正当性。

（三）与律师费转付制度相关的典型案例

在1997年第3期《最高人民法院公报》刊登的"二十世纪福克斯公司诉北京市文化艺术出版社音像大世界侵犯著作权纠纷案"判决中明确写道："原告为保护自己的合法权益而寻求司法救济时，支出的合理费用7514.56元（其中包括4662.41元的律师费）也应当由被告承担"。而在1998年第2期《最高人民法院公报》刊登了"南京电力自动化总厂诉南京天印电力设备厂不正当竞争纠纷案"，在该案的判决中明确支持了原告聘请律师费用9106元由被告承担。1999年10月20日最高

>>> 关于推进律师费转付制度的调研报告

人民法院发布的《人民法院五年改革纲要》指出："2000年起，经最高人民法院审判委员会讨论、决定有适用法律问题的典型案件予以公布，供下级法院审判类似案件时参考。"该纲要的出台，无疑标志着我国讨论已久的判例制度正在悄然生成。

这些判决都说明我国律师费的转付构想已经讨论了很多年，但迟迟未能得到系统的制定与实施。直到2016年的《关于进一步推进案件繁简分流优化司法资源配置的若干意见》第22条的明确规定再一次将律师费用的转付制度摆在司法改革的路上，我们必须要承认引导发挥律师费用的转流措施是目前社会实实在在的一种需求。下文将通过典型案例举例说明律师费转付在司法实践中的实施情况：

1. 何山诉乐万达商行买卖纠纷案[①]：著名民法专家何山，针对当时社会上普遍存在的"商家卖假神气，消费者买假受气"的负面现象，愤然亲自出马买假打假。经长期观察，他怀疑某商行不断大批量出售的署名徐悲鸿、齐白石的国画并非真迹。他先后于1996年4月24日和5月10日在该商行购买落款为"卅三年暮春悲鸿写"及"悲鸿"的国画两幅。该商行向何山保证两幅画均为徐悲鸿真迹，并在发票商品栏内分别填写"卅三年暮春悲鸿独马"及"悲鸿群马"字样，在金额栏内分别填写700元和2200元。为鼓励消费者行使惩罚性赔偿请求权，何山于1996年5月13日将该商行诉至北京市西城区法院。

---

① 参见1997年《北京年鉴》，第209—210页。

第四章　在我国推进律师费转付制度的正当性之分析 <<<

北京市西城区人民法院经审理查明，何山购买的两幅国画均为非法临摹的仿制品，遂根据《民法通则》第 6 条、第 134 条第 1 款第 7 项及《消费者权益保护法》第 49 条，于 1996 年 8 月 2 日判决如下：（1）被告退还何山购画款 2900 元，同时赔偿何山 2900 元；（2）被告赔偿何山因本案而支付的律师费用 224 元，交通费 10 元；（3）案件受理费 242 元由被告负担。法院还下达了民事制裁决定书，没收两幅非法临摹的仿画。

法官在判决书中指出，"原告作为消费者享有知悉其购买商品的真实情况的权利，被告亦有向消费者提供有关商品真实信息的义务。但被告在为原告开具的商业发票上未注明其出售的商品为临摹仿制品，据此认定被告向原告出售国画时有欺诈行为"。此外，该判决责令经营者赔偿疑假买假消费者为提起诉讼而支付的律师费和交通费等全部实际损失。该判决在判决被告承担 242 元案件受理费的同时，创造性地责令被告赔偿何山因本案而支付的律师费用 224 元与交通费 10 元，这实际上就是何山因购买假画而遭受的其他全部实际损失。这是全国首例法院判决疑假买假消费者胜诉的案例，也是我国最早一起判决败诉方承担律师费的案例。

2. 2003 年 3 月 31 日最高人民法院发布的典型案例，陆红诉美国联合航空公司国际航空旅客运输（以下简称美联航）损害赔偿纠纷案[①]：1998 年 5 月 12 日，原告陆红乘坐被告美联航的 ua801 班机，由美国夏威夷经日本飞往中国香港。该机在日本东京成田机场起飞时，飞机

---

① 参见《中华人民共和国最高人民法院公报》，2002 年第 4 期。

左翼引擎发生故障,机上乘客紧急撤离。陆红在紧急撤离过程中受伤,被送往成田红十字医院救护。经该院摄片诊断为右踝骨折。5月14日,陆红到香港伊丽莎白医院做检查,结论为右踝侧面局部发炎,不能立即进行手术。陆红征得美联航同意后,于5月16日入住安徽省立医院治疗,诊断为:陆红右侧内、外、后踝骨折伴粉碎性移位。该院先后两次对陆红进行手术治疗。1998年12月22日,陆红出院,休息至1999年3月底。陆红受伤住院期间,聘用两名护工护理;出院后至上班期间,聘用一名护工护理。陆红受伤前的工资收入是每月人民币12400元,受伤后休息期间的工资收入是每月人民币1255元,每月工资收入减少了人民币11145元。陆红受伤后,美联航曾向其致函,表示事故责任在于美联航,美联航承担了陆红两次手术的医疗费用计人民币86748.10元。

原告陆红诉称:原告在乘坐被告的班机过程中受伤,虽经手术治疗,现仍遗留功能性障碍,必须进行相应的功能锻炼及物理治疗,待适当时机再行手术,效果尚难肯定。致原告伤残且经济损失惨重,完全是被告的责任。经与被告多次协商赔偿,没有结果。为此,原告根据《统一国际航空运输某些规则的公约》(以下简称华沙公约)、《修订一九二九年十月十二日在华沙签订的统一国际航空运输某些规则的公约的议定书》(以下简称海牙议定书)的规定,以及《蒙特利尔协议》所确定的7.5万美元的赔偿责任限额,请求判令被告赔偿原告伤残补助费及生活护理费共计7.5万美元。

诉讼中,原告陆红变更诉讼请求,要求被告按照"吉隆坡协议"规定的10万特别提款权(即132099美元)承担赔偿责任。判令被

第四章 在我国推进律师费转付制度的正当性之分析 <<<

告承担护理费人民币14300元（含护理人员的交通费用7800元）、原告的误工损失人民币105877.50元、原告不能胜任岗位工作造成的工资损失人民币153750元、原告不能担任总经理职务的损失人民币713700元、精神安抚费人民币5万元、原告从现在起至70岁的护理治疗费人民币138000元、本案律师费人民币66299元、律师差旅费人民币3万元，并判令被告负担本案的诉讼费用。

上海市静安区人民法院经审理后认为：原告陆红因乘坐被告美联航的班机受伤致残，而向美联航索赔，索赔请求中包括精神损害赔偿。乘坐班机发生纠纷，通常是旅客运输合同纠纷，解决的是违约责任。但因乘坐班机受伤致残，违约行为同时侵犯了人身权利，就可能使违约责任与侵权责任竞合。陆红在请求美联航承担违约责任的同时，又请求精神损害赔偿，应视作对责任选择不明。在这种情况下，如何确定责任的选择，对为受害当事人提供必要的司法救济尤为重要。违约责任与侵权责任的重要区别在于，两者的责任范围不同。合同的损害赔偿责任严格按合同的约定执行，主要是对财产损失进行赔偿；侵权的损害赔偿责任按侵权造成的损害后果确定，不仅包括财产损失的赔偿，还包括人身伤害和精神损害的赔偿。从最大程度保护受害人利益的角度出发，法院在本案中将合理的律师费用作为损失的一部分，依职权为受害当事人认定了律师费的请求。最终，上海市静安区法院判决被告美联航赔偿原告陆红聘请律师支出的代理费人民币16595.10元、律师差旅费人民币11802.50元。

3. 2003年4月17日发布的典型案件：台福食品有限公司（以下简称台福公司）与泰山企业股份有限公司（以下简称泰山公司）不正当

· 125 ·

>>> 关于推进律师费转付制度的调研报告

竞争纠纷案。①

一审法院经审理查明：泰山公司于1950年在中国台湾省彰化县登记设立。1986年，泰山公司将其生产的"仙草蜜"饮品由"草绿色仙草胶冻方块"构成的包装图案及"泰山"文字作为商标在台湾注册，并于同年生产"八宝粥"。1993年以后，前述两产品销往内地。台福公司于1994年10月17日申请"饮料罐体片材（仙草蜜）"外观设计专利，于1996年1月7日获准，专利号为ZL94312074.8；1994年10月17日申请"八宝粥"（罐片材）外观设计专利，于1995年11月26日获准，专利号为ZL9431207×。台福公司生产的两饮品包装图案、色彩、文字均与泰山公司的相似。一审期间，泰山公司向中国专利局专利复审委员会申请宣告台福公司的专利无效。1997年3月28日，该委员会对台福公司取得的上述两项专利作出宣告专利权无效的终局决定。泰山公司以台福公司擅自使用其知名商品"仙草蜜"和"八宝粥"两饮品的特有包装装潢构成不正当竞争为由，向原审法院提起诉讼，请求判令台福公司立即停止侵权，赔偿经济损失，并承担本案的诉讼费用。台福公司则以泰山公司侵犯其外观设计专利权为由，向原审法院提起反诉，请求判令泰山公司立即停止侵权，并赔偿相应的经济损失。

一审法院认为：被告台福公司的专利权已被宣告无效，依照《专利法》第50条第1款的规定，其专利权视为自始即不存在。原告泰山公司早于台福公司的专利申请日以前就在台湾地区生产、销售"仙草

---

① （1998）知终字第1号。

第四章 在我国推进律师费转付制度的正当性之分析 <<<

蜜"和"八宝粥"饮品,20世纪90年代初开始在内地销售。台福公司在与泰山公司相同的产品上使用与泰山公司相似的包装图案、色彩和文字结构,其行为足以误导消费者,造成两者混淆,依照《反不正当竞争法》第5条第2项的规定,属不正当竞争行为,侵犯了泰山公司的合法权益,给泰山公司造成了一定的损害。依照《反不正当竞争法》第20条的规定,台福公司应当承担赔偿责任。台福公司反诉泰山公司侵犯其外观设计专利权,请求判令泰山公司停止侵权并赔偿损失,缺乏证据,不予支持。据此,一审法院判决:台福公司立即停止生产与泰山公司"泰山"牌仙草蜜、八宝粥饮品包装罐外观图案相近似的产品;台福公司赔偿泰山公司经济损失2.1万元、律师代理费2万元。案件受理费2.1万元,保全费5000元,反诉费5510元,均由台福公司承担。

4. 杨文伟诉上海宝钢二十冶公司(以下简称宝二十冶公司)人身损害赔偿案[①]:原告杨文伟系上海宝钢冶金建设公司(以下简称宝冶公司)职工。2000年10月16日,被告宝二十冶公司职工违规作业,从高处抛掷钢管,将正在现场从事工作的原告头部砸伤,导致重度颅脑外伤、外伤性尿崩症等。经鉴定,结论为因工致残,程度四级。根据病情,原告须长期服用德巴金、弥凝片。根据司法鉴定结论,原告需要护理12个月、营养8个月。虽然原告所在单位按规定承担了一定费用,但原告的损害系由被告的侵权行为所致,被告应承担赔偿责任。故原告起诉要求被告赔偿交通费人民币(以下币种均为人民币)2720

[①] 参见《中华人民共和国最高人民法院公报》,2006年第8期。

元、护理费9600元（每月800元×12个月）、营养费4800元（每月600元×8个月）、长期服用德巴金和弥凝片的费用583087.50元、被抚养人（原告之子，未成年）生活费52200元、被赡养人（原告母亲）生活费48000元、精神抚慰金5万元、律师代理费3000元、因伤残造成的收入损失161616元。

上海市宝山区人民法院认为：因用人单位以外的第三人侵权造成劳动者人身损害，构成工伤的，赔偿权利人在获得工伤保险赔偿以后，仍有权请求第三人承担赔偿责任。现原告杨文伟要求被告宝二十冶公司承担赔偿责任，于法有据。关于杨文伟请求赔偿交通费用的问题，根据宝民一（民）初字第1819号民事判决书，法院在审理工伤保险赔偿案中已判令杨文伟所在的宝冶公司赔偿杨文伟交通费2520元，杨文伟没有证据证明在本案中主张的交通费用系为治疗支出的合理费用，故对其要求赔偿交通费的诉讼请求，不予支持。根据司法鉴定结论，杨文伟伤后需要护理12个月、营养8个月，故其要求赔偿护理费9600元、营养费4800元的诉讼请求，应当予以支持。根据瑞金医院的诊断治疗意见，杨文伟需长期服用德巴金和弥凝片，宝二十冶公司应当支付相关费用。但瑞金医院上述意见，仅说明杨文伟需长期服药，并未明确服药期限，杨文伟亦没有提供充足的证据说明要求被告一次性付清药物费用的原因，故对其要求被告一次性付清药物费用的诉讼请求，不予支持。杨文伟之子系未成年人，需要杨文伟抚养，杨文伟要求被告支付被抚养人生活费52200元在规定范围内，予以支持。杨文伟母亲系肢体残疾人，亦需要杨文伟赡养，杨文伟要求被告支付其母生活费合情合理，予以支持。最高人民法院《关于确定民事侵权

第四章 在我国推进律师费转付制度的正当性之分析

精神损害赔偿责任若干问题的解释》第 1 条规定:"自然人因下列人格权利遭受非法侵害,向人民法院起诉请求赔偿精神损害的,人民法院应当依法予以受理:(一)生命权、健康权、身体权……"杨文伟因被告侵权行为受到人身损害,要求被告赔偿精神损害抚慰金,符合上述司法解释的规定,应予支持,但原告请求赔偿 5 万元数额过高,故酌定为 2 万元。杨文伟要求宝二十冶公司赔偿其因伤残导致的收入损失 124320 元,可予支持。

据此,上海市宝山区人民法院于 2005 年 6 月 30 日判决被告宝二十冶公司应于判决生效之日起 10 日内赔偿原告杨文伟护理费 9600 元、营养费 4800 元、被抚养、赡养人生活费 62200 元、因伤残造成的收入损失 124320 元、律师代理费 3000 元、精神抚慰金 2 万元,以上共计 223920 元;原告杨文伟因伤残需长期服用德巴金、弥凝片的费用由被告宝二十冶公司负担。

5. 宋某某与钟某某建筑设备租赁合同纠纷案:原告宋某某系衡阳市某区宏发钢管扣件租赁部业主。2012 年 6 月 24 日,原、被告签订《建筑器材租赁合同》1 份。该合同约定,被告预计租用原告钢管 20000 米、扣件 14000 套,实际租用数量以发货单据为准;预计租用起止时间为 2012 年 6 月 24 日与 2012 年 12 月 30 日,期满后如未能归还租赁物,视为承租方仍承租租赁物,本合同继续有效,但租赁期限为不定期;钢架管成本价为 16 元/米、租金每米为 0.01 元/天,扣件成本价为 6 元/套、租金每套为 0.006 元/天,顶托成本价为 25 元/套;租期每满 30 天结付一次租金,逾期加收违约金按每日 3% 计算,如承租方在超过约定支付租金期限 60 天,出租方有权终止合同,并自行收回租赁物，由承租方承担所需全部费用，租期不足30天，按30天计算租金，租期超过30天，按实际使用天数计算租金；承租方送回租用器材前，须将器材上附着物（泥沙）铲除、清刷干净，扣件洗油费按0.1元/套收取，钢管折弯按1元/根计收校直费用；钢架管、扣件、顶托丢失按成本价120%计收赔偿费，螺杆、螺帽丢失按0.5元/套计收赔偿费；如发生纠纷由出租方人民法院管辖，并由败诉方负担律师费等。此后，原告依约向被告提供了钢管、扣件、顶托等租赁物。至2014年4月30日，被告欠原告租金77249元、钢管3880.6米、扣件2477套。2014年5月30日、31日被告归还了原告部分钢管器材，尚欠原告租金77249元，钢管92.1米、扣件342套。另查明，在本案的审理过程中，原、被告均同意解除租赁合同。

法院认为，本案系建筑设备租赁合同纠纷。建筑设备租赁合同是指建筑设备出租人将建筑设备提供给承租人使用、收益，承租人定期给付约定租金，并于合同终止时将设备完好地归还出租人的合同。本案原、被告所签订的建筑器材租赁合同，是当事人双方真实意思表示，其内容未违反法律、行政法规的强制性规定，合法有效。原告依约向被告交付了租赁物，履行了自己的合同义务。被告未按合同约定支付租金、归还租赁物，构成违约，应承担相应的违约责任。被告钟某某辩称其不是实际的租赁人和使用人，不应承担偿还责任，与证据显示的事实不符，且其未提供任何与之相关的证据，故对被告的该项抗辩主张不予支持。本案审理过程中，原、被告均表示同意解除租赁合同，系双方真实意思表示，应予以准许。原告诉请要求被告按每日1/1000计算违约金31745元，该请求数额过高，依法应予核减，确认违约金

第四章 在我国推进律师费转付制度的正当性之分析

为15000元。因被告违约致原告提起诉讼，支付律师费10000元，依双方合同约定，该损失理应由被告承担。

最终湖南省某区人民法院于2014年7月11日作出判决：解除原告宋某某与被告钟某某于2012年6月24日签订的《建筑器材租赁合同》；被告钟某某支付原告宋某某建筑器材租金77249元；被告钟某某返还原告宋某某钢架管92.1米、扣件342套，如不能返还则按照合同约定折价赔偿原告宋某某3525.6元；被告钟某某支付原告宋某某违约金15000元；被告钟某某赔偿原告宋某某律师费损失10000元。

律师费作为当事人提起诉讼、解决纠纷的一项成本支出，其负担模式主要包括由当事人各自承担己方律师费用和要求对方承担己方的律师费用两种。从以上案例我们可以看出，律师费转付制度已经在我国司法实践中崭露头角，当事人在提起诉讼时越来越注意将己方律师费由对方支付列入诉讼请求，而法院也经常一并对该请求作出判决。

如前文所述，对于我国律师费用的负担模式，我国并未进行统一且明确的规定，仅在最高人民法院关于诉讼程序的政策性文件、相关仲裁程序规则以及相关实体法中有所体现，理论界和司法实务界亦存在不同观点。支持由败诉方承担律师费的主要理由在于，通常而言诉讼之所以会发生，是因为败诉方存在违约、侵权、拒不返还不当得利、拒不支付无因管理费用等不当行为，而且正是因为其未依法履行法律责任才会导致自己败诉，胜诉方的律师费损失与败诉方的违法行为之间存在一定的因果关系。此外，由败诉方承担胜诉方律师费的损失一定程度上也加大了败诉方的违法成本，促使当事人在履行民事义务的过程中更能尽到谨慎注意和诚实协作的义务，从而阻遏违法行为。而支持由胜诉方自行承担律师费的主要理由则在于，首先，我国目前并

>>> 关于推进律师费转付制度的调研报告

没有立法明文规定律师费的损失一概由败诉方承担,法院在判决时难以援引法律规定;其次,我国并没有实行律师强制代理制度,一方当事人是否需要律师代理诉讼完全是当事人的自由意志,与相对方当事人无关,且律师费用的数额完全是一方当事人和其委托代理人之间内部的协商,对方当事人并没有参与律师费的协商过程,律师费委托代理合同中关于律师费的约定不能突破债之相对性原理对败诉方产生约束力。还有一种折中的观点则认为,虽然我国没有专门的律师费的承担规则,但根据案件性质的不同,若是有关法律、司法解释对律师费的负担有明确规定或者倾向性意见的,法院可以根据实际情况判决由败诉方承担律师费,若有关法律、司法解释没有任何规定,当事人在合同中也都没有作出任何约定的,法院对由败诉方承担律师费的请求一般不予支持。[①]

结合我国的司法实践可知,尽管目前对由败诉方承担律师费用存在争议,但法院在具体个案中享有较大的裁量权力,从本调研报告所选取的案件判决中我们也可以看出,近些年法院在处理民事案件时越来越关注律师费由谁承担这一问题,这说明律师费转付制度在中国的司法实践中得到了初步发展。本调研报告选取的几个案例,法院在裁决案件的律师费损失应由谁承担时主要考虑了当事人聘请律师参与涉案诉讼的合理性、案件本身的复杂程度、胜诉和败诉方各自的过错程度、律师在案件过程中实际的工作量以及所起的作用、涉案标的金额的大小以及诉讼请求被支持的程度、胜诉方当事人已经支付以及待支付的律师费用、司法

---

① 参见某某基金管理有限公司与山东某水泥集团有限公司债券交易纠纷一审民事判决书,案号:(2016)粤 0391 民初 903 号。

行政部门规定的律师费收取标准、同类型案件通常收取的律师费用等多重因素。① 在因败诉方过错而引发诉讼,无过错方聘请律师有理有据,是维权所必需之时,法院一般会同意胜诉方律师费由败诉方(过错方)承担,以弥补无过错方的损失,并对过错方施加惩戒。

综上,基于律师费转付制度的法理依据,并结合我国目前对律师费转付制度的立法规定与司法适用,目前在我国推进律师费转付制度具有正当性:通过律师费用转付的调节作用可以促进纠纷的解决,因为这会增加违法者的违法成本,同时律师费用的转付可以极大地鼓舞原告主张权利,也能促使双方对于提起诉讼进行冷静的思考。败诉方之所以败诉是因为违背了法律规定的最基本底线,而胜诉方因为诉讼产生的律师费用支出与败诉方有一定的因果关系,所以,胜诉方律师费用转付是法律体现公平的具体行为,也同时减少了虚假恶意的诉讼。在当前的诉讼实践中,法院被一些琐碎的纠纷所缠绕,对一些典型的案件没有时间和精力去研讨,更没有过多的时间去充实自己的专业与业务水平,律师费的转付可以使双方能够更加理性地面对问题,也能根据律师的意见进行和解或者用其他方式解决,这样就节约了国家的司法资源。当然,这对公民的个人生活也会产生一定的影响,最明显的就是会提高公众的法律意识,在这种意识的支配下,公民诚信履约的积极性也会大幅度提高,并且在产生纠纷的时候会将自己放入诉讼的角色中模拟并估算诉讼的成本,从而选择更好的解决办法。

律师费用的转付制度还会促使行政相对人更加积极地利用此制度

---

① 参见某某基金管理有限公司与山东某某水泥集团有限公司债券交易纠纷一审民事判决书,案号:(2016)粤 0391 民初 903 号。

维护其自身合法利益。在以往的诉讼中，行政相对人往往因为交不起律师费用或者害怕被打击报复而放弃主张自己的权利，实施这一制度之后，他们的顾虑就会减少，律师甚至有可能暂时不需要收取律师费用就可以接受当事人的委托了，这对于及时化解双方的矛盾也有良好的促进作用。

在目前的实际情况下，实行此制度对中国正在进行的司法体制改革也将起到修护、补充和完善作用，对中国律师行业的发展则可以起到显著的正面影响，律师对维护法律的作用将会日渐凸显。这会为最终解决中国律师制度的定位问题打下坚实的现实基础，从而推动中国的法治建设迈出重要的一步。作为律师群体中的一员，笔者认为，在现阶段的中国推进律师费转付制度，将是中国律师们的大幸，同时也是百姓之幸，因为这一制度的发展与实现，能使处于社会底层或者相对较弱的一方享有原本应得的权利，正义将更容易得到申张和实现，而那些遭遇不幸的人会因此获得机会看到胜利的曙光，从而实现社会的公平正义。

第五章

在我国推进律师费转付制度的建议

第五章　在我国推进律师费转付制度的建议

随着人们法制观念的增强和社会分工的日益精细化，在面临纠纷争议时，委托专业的律师诉诸司法程序逐渐成为公司企业及寻常百姓们的首要选择。委托律师参与必然会产生律师费用，而且在通常情况下，律师费对于委托人来说是一笔不小的开支，很可能产生"赢了官司赔了律师费""因律师费过高放弃诉讼"等不合理的现象。

诉讼费用的合理性在一定程度上反映着一个国家的人民享受法律保障的程度。那么，律师费用究竟怎样承担才比较公平合理呢？大多数律师普遍支持律师费用由败诉方负担。早在十几年前，就有人提出了这一建议。2011年末，在征集民事诉讼法修改意见时中华全国律师协会亦向全国人大提出建议，在民事诉讼法"诉讼费用"后新增一条"律师费用"，即："胜诉一方当事人可以要求对方当事人支付律师费等合理的诉讼费用。当事人部分胜诉、部分败诉的，可以按照胜诉比例请求对方当事人支付律师费等合理费用。律师费用收取的过高时，法官可以按照审理当地通常的收费标准酌定。"中华全国律师协会认为这"有助于增添违法、违约当事人的诉讼成本，减少恶意诉讼，节约司法成本"。这条一旦写入法律，将对我国现有的律师费承担模式产生根本性的改变。

如前文所述，随着我国民事司法制度改革的不断推进，现行的律师收费制度已经不能满足现实发展的需要，其所存在的局限性日益凸显出来。我国目前日益增加的案件，很大程度上是违法成本过低所导致的，在很多纠纷中，当事人可能明知会败诉也拒绝和解，用一切方式拖延诉讼时间，用各种手段推迟自身义务或者债务的履行。或者在小额侵权纠纷中，权利人因顾忌诉讼成本（诉讼费、律师费）过高而被迫放弃维权。这与人民群众既要求严格司法以实现正义，又要求提高效率、快速审判、节约时间成本的司法诉求是相背离的。实行律师费转付制度符合当前的新时代司法改革之态势，其在一定程度上可以减轻法院实行立案登记制以来的案件压力，同时避免浪费司法资源的优势已经非常明显。根据调研结果，我们认为目前在我国推进律师费转付制度，在一定程度上能够通过增加败诉方诉讼成本的手段实现减少诉讼，引导当事人理性诉讼，促进纠纷解决方式多元化，进而实现社会和谐，提高化解社会纠纷的能力，因此应当将律师费转付制度尽快纳入立法日程并早日实行。

一、律师费转付制度的推进原则

根据前述调研结果，我国主流的商事仲裁机构已经开始普遍适用律师费转付制度，但我国法院在案件审理中，仅在法律明确规定可以主张律师费赔偿的特定案件中或当事人在合同中明确作出约定由败诉一方负担律师费时，才会支持胜诉方要求赔偿律师费的诉求。由此可见，我国法院不支持律师费由败诉方承担为一般性原则，而支持律师费由败诉方承担为特殊情形。借鉴各国经验，结合目前我国的现实情况，在我国确立律师费转付制度应当遵循以下原则：

（一）法院（仲裁庭）审查原则

在适用律师费转付制度的英国、法国、德国等国家，都设立了相应的审核官或由法官书记员对律师费进行审核，诉讼中一方若要求对方承担其律师费用，则应当在诉讼请求中予以列明，同时提交相应的律师费用证据，由法官对律师费用的支出进行必要的审查与核实，使得律师费用的承担尽可能公平合理。

具体结合我国的情况来讲，若一方当事人提出诉求，要求对方当事人承担己方的律师费用，需要向法庭提交其与律师事务所签订的委托代理合同以及律师事务所开具的律师费发票作为已经支付律师费的证据。法院（仲裁庭）有权对前述证据进行审查、核实，并根据案件的实际情况来确定需要由败诉的一方负担的律师费。在法官审查的过程中若发现律师费用支出过高，那么法院（仲裁庭）有权根据案件的实际情况来调整败诉方应承担的律师费用。

（二）实际代理原则[①]

律师费由败诉方承担的前提条件是胜诉方律师实际参加了诉讼代理或提供了法律服务，胜诉方确实支付了律师费，《委托代理合同》、律师费发票可以作为其维护自身权利所遭受的实际损失依据要求败诉方承担。若律师费的计收约定以当事人实际回收金额为基础按一定的比例计算，须待实际履行后才可向对方主张。根据云南城投昆明置地有限公司、中国华融资产管理股份有限公司云南省分公司保证合同纠纷案[（2018）最高法民终25号]之裁判意见，对于胜诉方已经实际支付的律师费应予支持，对《委托代理合同》双方已经约定了计算方式但还未实际履行的律师费，可待实际履行后另行主张。

（三）公平分配原则

律师费转付模式包含单向转付和双向转付两种模式。单向转付模

[①] 高凤江：《民事诉讼律师费由败诉方负担问题研究》，第22—23页。

式即被告败诉时，被告承担原告实际支付的律师费，而当原告败诉时，则不需要承担被告的律师费用。在双向转付模式中，无论原告还是被告败诉，均应按照公平分配原则，处理胜诉方的律师费用。

首先，我国现行规定支持律师费诉求，主要是对被侵权一方（原告）律师费诉求能否支持作出的规定，即单向转付模式，但并没有对原告提起恶意诉讼需要承担被告律师费作出明确规定。根据公平分配原则，确立律师费转付制度，不仅要明确原告作为权利人一方可以请求败诉的被告承担律师费，同时需要明确，对于恶意诉讼，原告亦需要承担胜诉被告的律师费，以充分的引导当事人理性诉讼，防止恶意缠诉、浪费司法资源的行为。

其次，如果一方当事人不是全面胜诉，则应当根据双方当事人的诉讼请求、过错程度、诚信诉讼等情况判断诉讼费的收取办法，对于滥用诉讼权利、不诚信诉讼等行为制定详细的惩罚措施，允许法官根据案件的情况，合理裁量律师费的全部或部分由败诉方承担；法官可以在开庭前将律师费的具体情况对原被告各方进行说明告知。

最后，律师费的支持数额和比例需要参考案件的专业性、复杂程度，律师的实际工作耗时，律师的尽责程度、专业能力以及社会的平均收费水平等。

（四）不告不理原则

根据我国法律相关规定，不告不理原则是法院审理的基本原则之一。法院审理纠纷的范围，包括诉讼内容和诉讼标的，均由当事人确定，法院无权变更、撤销当事人的诉讼请求。在案件审理过程中，法院只能根据当事人提出的事实和主张进行审理，对于超出当事人诉讼请求的部分不得主动进行审理。

在确立律师费转付制度之后，相应的法律条文或解释必然会赋予胜诉方请求败诉方承担己方律师费的权利，要求败诉方承担相应的律师费用将成为一种现实的可能，但这也并不意味着胜诉方的律师费就一定能获得转付。相反，如果胜诉方没有提出律师费转付的诉讼请求，则法院不得主动作出要求败诉方承担胜诉方律师费的判决，这正是不告不理原则在律师费转付制度中的体现。如果请求方提出了律师费转付诉讼请求，法官也应告知请求方，如果没有胜诉，将可能承担对方已经支付的律师费用。

法院支持律师费由败诉方承担，前提是需要胜诉方提出明确的诉求，并提供相应的证据证明确实发生了实际的律师费支出，胜诉方未提出请求的，法院不应主动审查。

（五）补偿为主原则

律师费由败诉方承担的，法官应均衡各方在诉讼中的过错程度、胜诉方的实际损失，平衡各方的利益。以补偿胜诉方因涉诉所支付的律师费为原则，对于律师费过高的，可以参考当地律师行业标准来适当裁量。

在当事人与律师事务所将委托事项与律师费用达成合意、签订《委托代理合同》后，律师就有权收取律师费用，而因各地的经济发展水平不同，律师的社会信誉和工作水平存在差异，若当事人与律师协商的律师费用过高，则可能会对败诉一方造成不公平。败诉方一般参与不到胜诉方与其律师委托代理合同中关于律师费用的协商过程，对于律师费的收费标准是否合理没有发言权。

>>> 关于推进律师费转付制度的调研报告

若没有制定明确的律师费用限制，就同一案件，会出现 A 律师收取律师费 1 万元，B 律师收取律师费 5 万元的情形。在当事人可以协商约定律师费用的情况下，败诉一方对于胜诉一方律师费用的心理预期为 1 万元左右，倘若胜诉方与其所聘请的律师约定的律师费为 5 万元，案件审理结束后，若该笔 5 万元的律师费用因律师费转付制度须由败诉方承担，必然造成不公平的局面。

因此，对于败诉方需要承担胜诉方的律师费用有必要作出严格的限制，规定在败诉方当事人能够合理预测的范围之内，避免出现过于不公平的现象。那么该如何将律师费合理限制在诉讼双方当事人都能接受的范围内呢？这存在一个所谓的标准问题，我们应以律师收费标准为依据，对律师收费额度进行必要的限制，以胜诉方为维护自己的合法权益聘请律师所产生的差旅费、调查取证费用、参与诉讼费等必要支出为依据，结合案件的复杂程度、律师工作量的大小等，进行适当补偿。

在执行惩罚性赔偿之时，败诉方承担律师费同样应以补偿为主。胜诉方不必再证明败诉方的行为与律师费之间的因果关系，只要是为代理案件实际支出的合理律师费，法官就可以裁量全部或部分由败诉方来承担，但应当有一个必要的限度：第一，仅适用于合理的限度内的律师费用；第二，仅适用于法律有明确规定的惩罚性赔偿的案件；第三，防止胜诉方恶意利用过高律师费损害败诉方的合法权益。

（六）诚实信用原则[①]

诚实信用是市场经济中的道德准则，以其为内容的诚实信用原则

---

① 刘琪：《我国律师收费制度之完善》，第 31—32 页。

是市场经济法律体系中最基本的法律原则之一。该原则起源于罗马法，《瑞士民法典》在1907年第一次把诚实信用原则作为民法的基本原则加以确定。诚信原则要求民事主体在从事民事活动时遵循在经济生活中形成并为人们所普遍接受的道德规则，讲求信用，在不损害他人利益和社会利益的前提下追求自己的利益，从而达成双方的利益平衡以及当事人利益与社会利益的平衡。

律师法律服务作为一种特殊的商品，律师为当事人提供法律服务，当事人向律师支付酬金。在市场经济条件下，在遵循商品交换规律的基础上，用于交换的商品的使用价值应当大致相等，交换当事人之间的利益也应当相互平衡，这样才能保证交易活动的持续进行和整个经济活动的健康发展。就律师费转付制度而言，只有合理的律师费才能由败诉方承担，这就要求律师在法律服务的成本支出和律师收费方面坚持诚实信用原则，律师应从维护当事人的利益原则出发，在办案期间及时履行向委托人报告的义务，如实向委托人介绍法律服务中遇到的情况，尽可能减少委托人的成本支出。

（七）"败诉方承担律师费"的普遍适用原则

在律师的日常工作中，经常会被当事人问到律师费是否也和诉讼费一样由败诉方承担的问题，对此，依照我国当前的法律规定及司法实践，并不能一概而论，而应区分不同情况。目前可以由败诉方承担律师费的主要涉及这两种情况：根据我国现行法律、司法解释的规定，应由败诉方负担胜诉方合理的律师费的案件；除上述情形之外，当事人双方可于签订合同时，在合同中明确约定，若协商不成引起诉讼，律师费由败诉方承担，否则一方当事人无权要求败诉方承担胜诉方律

>>> 关于推进律师费转付制度的调研报告

师费。具体而言：

1. 法律、司法解释明确规定由败诉方承担胜诉方合理的律师费。依据我国现行相关法律及司法解释的规定，在下列 9 类案件中，明确规定由败诉方承担胜诉方合理的律师费：[①]

（1）人身损害赔偿、名誉侵权、交通肇事案件。最高人民法院《关于审理人身损害赔偿案件适用法律若干问题的解释》第 17 条第 3 款规定："受害人死亡的，赔偿义务人除应当根据抢救治疗情况赔偿本条第一款规定的相关费用外，还应当赔偿丧葬费、被扶养人生活费、死亡补偿费以及受害人亲属办理丧葬事宜支出的交通费、住宿费和误工损失等其他合理费用。"而律师费在性质上属于财产利益，原则上可认为是损失。

（2）法律援助案件。最高人民法院、司法部《关于民事法律援助工作若干问题的联合通知》第 7 条第 1 款规定："法律援助人员办理法律援助案件所需差旅费、文印费、交通通讯费、调查取证费等办案必要开支，受援方列入诉讼请求的，法院可根据具体情况判由非受援的败诉方承担。"

（3）著作权侵权案件。《著作权法》第 49 条规定"侵犯著作权或者与著作权有关的权利的，侵权人应当按照权利人的实际损失给予赔偿；实际损失难以计算的，可以按照侵权人的违法所得给予赔偿。赔偿数额还应当包括权利人为制止侵权行为所支付的合理开支。权利人的实际损失或者侵权人的违法所得不能确定的，由人民法院根据侵权

---

① 吴取彬：《哪些案件胜诉后律师费可以由被告承担》，载《中国商报》2017 年 4 月 20 日。

行为的情节,判决给予五十万元以下的赔偿。"

最高人民法院《关于审理著作权民事纠纷案件适用法律若干问题的解释》第26条规定:"著作权法第四十八条第一款规定的制止侵权行为所支付的合理开支,包括权利人或者委托代理人对侵权行为进行调查、取证的合理费用。人民法院根据当事人的诉讼请求和具体案情,可以将符合国家有关部门规定的律师费用计算在赔偿范围内。"

(4)商标权侵权案件。最高人民法院《关于审理商标民事纠纷案件适用法律若干问题的解释》第17条明确规定,"……人民法院根据当事人的诉讼请求和案件具体情况,可以将符合国家有关部门规定的律师费用计算在赔偿范围内。"

(5)专利侵权案件。最高人民法院《关于审理专利纠纷案件适用法律问题的若干规定》第22条规定:"权利人主张其为制止侵权行为所支付合理开支的,人民法院可以在专利法第六十五条确定的赔偿金额之外另行计算。"

(6)反不正当竞争案件。《反不正当竞争法》第20条规定:"经营者违反本法第八条规定对其商品作虚假或者引人误解的商业宣传,或者通过组织虚假交易等方式帮助其他经营者进行虚假或者引人误解的商业宣传,由监督检查部门责令停止违法行为,处二十万元以上一百万元以下的罚款;情节严重的,处一百万元以上二百万元以下的罚款,可以吊销营业执照。经营者违反本法第八条规定,属于发布虚假广告的,依照《中华人民共和国广告法》的规定处罚。"

(7)合同纠纷中债权人行使撤销权案件。《〈合同法〉司法解释一》第26条明确规定:"债权人行使撤销权所支付的律师代理费、差旅费等必要费用,由债务人负担;第三人有过错的,应当适当分担。"

（8）担保权诉讼案件。《担保法》第21条第1款规定："保证担保的范围包括主债权及利息、违约金、损害赔偿金和实现债权的费用"。当事人所支付的律师费属于财产损失，应当包括合理的律师费。

（9）仲裁案件。《中国国际经济贸易仲裁委员会仲裁规则》（2014年修订）第52条第2项规定："仲裁庭有权根据案件的具体情况在裁决书中裁定败诉方应补偿胜诉方因办理案件而支出的合理费用。仲裁庭裁定败诉方补偿胜诉方因办理案件而支出的费用是否合理时，应具体考虑案件的裁决结果、复杂程度、胜诉方当事人及/或代理人的实际工作量以及案件的争议金额等因素。"

2. 双方在合同中明确约定律师费由败诉方承担的情形

如果合同或协议中未明确是否应由败诉方承担律师费，法院在判决中不会对诉讼请求中的律师费作出处理。但按照合同自由原则，若当事人在合同中有明确约定律师费用将由败诉方承担，在庭审中有关律师费的诉讼请求通常都会获得支持。

当前，我国关于律师费用负担问题的规定散见于各部门法及司法解释中，例如，在债权人行使撤销权案件、知识产权侵权案件、担保物权实现案件、名誉权侵权案件中，胜诉方可将律师费列入"因维权而支出的费用"要求败诉方承担，"败诉方承担律师费"适用的案件类型非常有限。在司法实践中，法院对胜诉方要求败诉方给付的律师费给予支持的比例不一、标准不定，法官的自由裁量空间较大。最高人民法院《关于进一步推进案件繁简分流优化司法资源配置的若干意见》虽然提出要"充分发挥诉讼费用、律师费用调节当事人诉讼行为的杠杆作用"，但范围较窄，仅仅对于当事人存在"滥用诉讼权利、拖延承担诉讼义务等明显不当行为且造成诉讼对方或第三人直接损失"等情

第五章 在我国推进律师费转付制度的建议

形之下，法院才会支持无过错的胜诉方提出的赔偿合理的律师费用等正当要求。

有鉴于此，我国民事诉讼法有必要确立"败诉方承担律师费"的普遍原则，而不是只在少数特定类型的案件中或特定情形之下适用。在"败诉方承担律师费"这一制度的构建上，我们可以借鉴国外的经验。例如，新加坡法律明确规定了"诉讼费用视诉讼结果而定"的诉讼费用负担原则，胜诉方有权要求败诉方负担诉讼费用，对于诉讼费用的评定，法庭允许将所有因诉讼引起的合理费用考虑在内，这当然包括律师费用。在具体实现路径上，建议先由最高人民法院尽快出台司法解释，将"败诉方承担律师费"的原则细化落地，研究适用律师费转付模式的前提条件、采用双向转付模式时的原则、建立严格的律师费用评定制度、规范法官的自由裁量、明确规则的适用条件。

确立律师费转付制度后，与此相关的法律也须做出相应的调整。[①]一般而言，对法律进行调整时一般采取以下几种方式：一是制定单行法律法规予以规定；二是在相关的法律、法规中开辟专门章节予以规定；三是将该制度零散地规定在各实体法中；四是进行原则性规定，就是否应判令败诉方承担胜诉方的律师费用可以由法官自由裁量，也允许当事人在合同中自由约定，一旦纠纷发生，由败诉方承担对方的律师费用。结合我国的司法实践情况，我们建议就律师费转付制度在我国《民事诉讼法》"诉讼费用"一章之中添加专门条款予以规定，说明法院可以在公平合理的前提下，判令责任方承担对方当事人为聘请

---

① 谢芳燕：《论我国律师费转付制度的构建》，第 23—24 页。

律师而支出的律师代理费用，包括调查费、差旅费、交通通讯费等合理费用。

二、推进律师费转付制度的具体措施

（一）在案件集中的区域设立试点法院

党的十九大以来，最高人民法院为贯彻落实全面深化司法体制改革召开了一系列精神专题会议，并推进了一系列行之有效的改革措施，例如，"全面深化新时代立案登记改革，努力破解执行难"，人民法院在便民利民、增强人民群众获得感方面有很多成功的举措。

2019年2月，最高人民法院在召开新闻发布会时，发布了《最高人民法院关于深化人民法院司法体制综合配套改革的意见—人民法院第五个五年改革纲要（2019—2023）》（以下简称《纲要》）的通知，人民法院将通过构建坚持党的领导制度体系、服务和保障大局制度体系、以人民为中心的诉讼服务制度体系等十大体系，推动公正高效权威的有中国特色的社会主义司法制度更加成熟更加定型。最高人民法院发布"五五改革纲要"，主要任务之一就是深入谋划部署新时代人民法院改革，构建十大体系，深化人民法院司法体制综合配套改革。人民法院"五五改革纲要"的主要任务是：

完善人民法院坚持党的领导制度体系；

健全人民法院服务和保障大局制度体系；

健全以人民为中心的诉讼服务制度体系；

健全开放、动态、透明、便民的阳光司法制度体系；

健全以司法责任制为核心的审判权力运行体系；

完善人民法院组织体系和机构职能体系；

健全顺应时代进步和科技发展的诉讼制度体系；

健全切实解决执行难长效制度体系；

健全人民法院人员分类管理和职业保障制度体系；

建设现代化智慧法院应用体系。

最高人民法院《纲要》的发布，是未来五年指导人民法院改革规划和实施推进的一份纲领性文件，旨在统筹推进党中央部署的各项司法体制改革任务，进一步深化新时代人民法院司法体制综合配套改革，全面落实司法责任制，将重点完善人民法院坚持党的领导制度体系、健全人民法院服务和保障大局的制度体系、健全以人民为中心的诉讼服务制度体系、健全开放、动态、透明、便民的阳光司法制度体系、健全以司法责任制为核心的审判权力运行体系、完善人民法院组织体系和机构职能体系、健全顺应时代进步和科技发展的诉讼制度体系、健全切实解决执行难的长效制度体系、健全人民法院人员分类管理和职业保障制度体系、建设现代化智慧法院应用体系。十大体系涉及人民法院工作机制、诉讼程序、队伍建设、科技创新各个层面。[①]

《纲要》坚持问题导向，针对普遍关注的司法便民利民、破解人案矛盾、加强审判监督、完善诉讼机制等内容，结合调研成果，广泛吸收意见建议，进一步攻坚克难前沿性、瓶颈性问题。《纲要》首次提出要完善"诉源治理"机制，提出坚持把非诉讼纠纷解决机制挺在前

---

① 参见最高人民法院关于印发《最高人民法院关于深化人民法院司法体制综合配套改革的意见——人民法院第五个五年改革纲要（2019—2023）》的通知。

面，推动从源头上减少诉讼增量；首次提出推动将具有普遍法律适用指导意义、关乎社会公共利益的案件交由较高级法院审理；首次提出探索扩大小额诉讼程序和独任制的适用范围；首次提出搭建全国统一的电子送达平台，推动建立域外送达网络平台；首次提出研究推动建立个人破产制度；首次提出加强人民法院政务标准化建设。此外，《纲要》充分吸收基层探索实践，北京法院的集约化送达、上海法院的智能辅助办案、天津法院的审务、政务标准化、浙江法院的"移动微法院"、苏州法院的语音识别智能运用、成都法院的庭审实质化和实习助理、深圳法院的"执转破"工作和购买社会化服务机制等都被《纲要》纳入了推广规划。

"下一步改革既要持之以恒抓落实、补短板、强弱项，持续做好精装修，又要一心一意谋长远、破难题、克难关，不断取得新突破。"目前最高人民法院已将《纲要》确定的65项改革措施分解为160多项改革任务，进行项目式、台账式管理，每项任务都明确牵头单位、责任人员、主要内容、时间节点和成果。"改革开放进入新阶段、经济发展有了新理念，需要人民法院切实找准立足点与着力点，在更高站位、更深层次、更宽领域，以更大力度深化司法体制综合配套改革。"

针对我国目前不支持律师费损失的现实情况，在全国全面推进律师费转付制度存在现实的困难。依据最高人民法院发布的《纲要》，为推动实现公平正义，更好地维护当事人的合法权益，同时减少对于司法资源的浪费，我们建议在案件较为集中的法院先进行试点，待试点显示律师费转付制度对于维护社会和谐、化解社会矛盾、减少滥用诉权能够起到积极的推进作用时再向全国范围内推广，以便更好地贯彻落实全面深化司法体制改革的推进。

以北京地区为例，朝阳区人民法院案件较为集中，"案多人少"的矛盾亦较为突出，为了缓解此矛盾，朝阳区法院曾试点和解退诉讼费制度，在一定程度上推进了案件的和解结案率。所以我们建议，在北京地区可以先确立朝阳法院为试点法院，实行律师费转付制度。

（二）明确实行律师费转付制度的案件类型

除现行法律规定中的知识产权侵权类案件、公益环保诉讼案件、恶意诉讼、虚假诉讼、滥用诉讼权利案件等依据现有规定实行律师费转付制度外，可以增加人格权纠纷，排除妨害、消除危险、恢复原状、财产损害赔偿等物权保护纠纷，相邻关系纠纷，人身损害赔偿纠纷，交通事故类纠纷、医疗损害责任纠纷等案件进行律师费转付制度试点。

建立"败诉方承担律师费"的普遍适用原则，也应注意到一些特殊性质的案件，是否使用该制度需要科学界定。具体体现在以下几个方面：

1. 适用特别程序的案件。此处主要是指《民事诉讼法》第177条规定的"人民法院审理选民资格案件、宣告失踪或者宣告死亡案件、认定公民无民事行为能力或者限制民事行为能力案件、认定财产无主案件、确认调解协议案件和实现担保物权案件……"，这些案件大多数只有申请人，并无败诉胜诉之分，律师费应当由当事人自行承担。

2. "身份诉讼"案件。有关身份的诉讼不同于其他诉讼，身份主要是基于血缘关系或法律拟定而产生的，当事人无法完全按其自由意志处理身份关系。并且实践中许多涉及身份的诉讼都很难判断何方是造成诉讼的原因，尤其是婚姻纠纷案件，涉及双方当事人的感情问题，或者法官出于政策、道德规范或者为了维护社会关系稳定的考虑未支持原告起诉、不判决双方离婚的,不能简单地用离与不离、谁对谁错来说明胜诉与败诉。因此,在离婚、收养、赡养费、抚养费、抚育费等人身关系的案件中不宜适用律师费转付制度。①

3. 即时认诺的案件。即时认诺是指当原告起诉时,被告立即承认原告的全部诉求。即时认诺说明原告的起诉没有必要,可以借鉴国外的法律制度——德国将即时认诺视为滥用诉权,即使原告胜诉,仍应当负担己方的律师费用。如果确立律师费用转付制度,那些胜负已经分明或案情相对比较简单的案件,一些原告方可能会得理不饶人或为争一口气而执意提起诉讼,不仅会对司法资源造成浪费,也会给败诉方造成不必要的经济负担。因此,笔者以为在制定律师费转付制度时,应当考虑将即时认诺的案件排除在外,减少以上不公平的案件情况的发生。

(三)明确实行律师费转付制度的阶段

为了多元化地解决纠纷,近期,各地法院均引进了律师庭前调解制度。同时各地法院遵循最高人民法院、司法部《关于开展律师调解试点工作的意见》(司发通〔2017〕105号)的文件精神,均明确将发挥诉讼费用的杠杆作用,对于一方当事人无正当理由不调解,或者存在明显的恶意导致调解不成的,人民法院可以根据实际情况对无过错方提出的赔偿合理的律师费用等正当要求予以支持。

所以我们建议,在试点法院可以确立自庭前调解结束开始,对于

---

① 戴党平:《民事诉讼律师费用败诉方负担制度分析》,第40页。

之后的一审、二审、再审以及执行阶段产生的律师费用均应当由败诉方承担。

（四）对于利用管辖权异议程序恶意拖延诉讼的，裁决败诉方承担胜诉方律师费

近年来，一方当事人利用管辖权异议程序拖延诉讼的情况时有发生，给法院快速化解纠纷造成了非常严重的影响。在此类案件中，如当事人主张因管辖权异议多支付了相关律师费，法院经审理认为另一方当事人确实存在无确实的证据及法律依据利用管辖权异议恶意拖延诉讼的，可依法裁决由管辖权最终败诉一方承担另一方为应对管辖权异议程序所多支付的律师费。

（五）增加执行阶段败诉方承担律师费数额的认定程序

对于进入执行阶段之前各诉讼阶段的律师费承担问题，各审判庭可在审理时一并对败诉方承担律师费的数额作出认定。近年来，被执行人在执行阶段通过各种手段恶意逃避执行的行为多发，但法院无法就执行阶段新产生的律师费要求恶意逃避诉讼的被执行人承担作出认定，建议增加执行阶段律师费认定审核的特别程序。

（六）明确实行律师费转付制度的限制

参照英国的规定，请求法院支持律师费的，必须提供充分的律师费及相关单据，如无法提交或者无法证明与诉讼案件有关联的，不予支持。另外，律师费转付制度主要适用于民事案件，在刑事案件和行政案件中，如果公诉方起诉的案件最终被法院认定无罪、行政案件认

定被告承担责任的,可以借鉴民事案件律师费转付制度,由国家进行律师费的赔偿,但在此类案件中,不应要求败诉的公民个体或单位承担政府或司法机关一方的相关支出。

(七)进一步明确律师费支付标准

关于认定败诉方承担律师费的金额问题,既可以由司法行政机关直接作出具有法律约束力的行政决定,也可以由作出生效判决、裁决的法院、仲裁机构承担律师费核算的责任。在律师费转付制度试点实行期间,受理案件的法院、仲裁机构可以参照本地区出台的律师费管理办法或政府指导价,结合当事人实际支付的律师费金额、案情复杂程度,公平认定律师费的转付比例及金额。

(八)建立律师费担保机制,律师费由败诉方切实承担

如果法院判决败诉方承担胜诉方的律师费,但败诉方实际上无偿付能力,胜诉方的权利就无法得到实现。为抑制偿债能力差的原告滥用诉讼权利的行为,防止原告败诉后无力支付或逃避支付被告律师费的情形,可以考虑建立律师费担保机制。

诉讼费担保制度也被称为诉讼费保证金制度,是普通法系国家的一项民事诉讼制度,指一方当事人以现金提存或其他方式,为另一方当事人的诉讼费用(主要包括法庭收取的行政管理性费用,律师及大律师的费用及专家证人费用三部分)提供担保,从而使另一方当事人胜诉时的诉讼费用能得到补偿的制度。该制度来源于英国,中国香港亦有该制度。

在英国法下,签发诉讼费用担保令的情形主要包括:原告并非域内的居民;有理由相信在判决原告支付被告费用时原告没有能力支付;

起诉后，原告为回避诉讼结果而变更地址；原告未在申请文件中提供其地址或其地址有误；原告仅是名义上的原告且有理由相信在判决原告支付被告费用时原告没有能力支付；原告对其资产进行处分，在判决原告支付被告费用时其可能无法支付。①

在中国香港，原告需要就讼费提供保证的情形通常包括：原告的居住地不在香港；原告仅是名义上的原告且有理由相信在判决原告支付被告费用时原告没有能力支付；原告未在令状等文书中载明其地址或其地址有误；原告为回避诉讼结果而在诉讼过程中变更地址。②

最高人民法院在 1984 年发布的《民事诉讼收费办法（试行）》中也曾规定"外国人、无国籍人、外国企业和组织在人民法院进行诉讼，应当对诉讼费用提供担保"，不过其后中国在同其他国家签订的司法协助条约或协定中一般都有互相免除对方国民诉讼费用保证金的条款，国务院于 2006 年公布的《诉讼费用交纳办法》未再对此进行明文规定。在当前立案登记制施行、滥诉行为增多的情形下，不妨在该制度上进行转变和突破，允许法院要求有滥诉可能的当事人提供费用担保，以此遏制滥诉或实施不诚信诉讼的行为。

（九）有效引进诉讼保险制度

"风险代理"制度又称胜诉收费、附条件收费，该制度起源于美国，属于协商收费的范畴。它是指律师与当事人之间签订的关于律师报酬

---

① 参见《第 25 部分：临时措施和诉讼费用担保》PART 25 - INTERIM REMEDIES AND SECURITY FOR COSTS, http://www.justice.gov.uk/courts/procedure-rules/civil/rules/part25#II。
② 第 336H 章《区域法院规则》第 23 号命令"就讼费提供的保证"。

的协议,根据该协议,律师在了解案情、做出庭准备和开庭的过程中,花费必要的时间和精力,律师费用是未来当事人在诉讼中可能会获得的金额的一部分。此种金额的取得方式是以协议的条件为前提的,否则律师得不到应有的律师费。在日本和美国等国家,此种律师收费方式已经得到了广泛的应用。中国法律对于律师收费最为明确的规定是《律师服务收费管理办法》,该文件第11条规定:办理涉及财产关系的民事案件时,委托人被告知政府指导价后仍要求实行风险代理的,律师事务所可以实行风险代理收费,但下列情形除外:婚姻、继承案件;请求给予社会保险待遇或者最低生活保障待遇的;请求给付赡养费、抚养费、扶养费、抚恤金、救济金、工伤赔偿的;请求支付劳动报酬的等。该文件第12条规定:禁止刑事诉讼案件、行政诉讼案件、国家赔偿案件以及群体性诉讼案件实行风险代理收费。该文件第13条规定:实行风险代理收费,律师事务所应当与委托人签订风险代理收费合同,约定双方承担的风险责任、收费方式、收费数额或比例。实行风险代理收费最高收费金额不得高于收费合同约定标的额的30%。以上规定便是我国律师实施风险代理的法律依据。

目前有学者认为,若规定律师费用由败诉方负担,那么委托人就可以尽情地去委托律师,特别是花费高额的律师费用、委托知名的律师。因为最后案件一旦胜诉了,律师费用将由败诉方承担。由此可能会出现接受委托的代理律师违规"漫天要价",或提供一些不必要的法律服务来要求增加律师服务费用。与之相对应,对方当事人也可能为了逃避负担该律师费用,在诉讼中采取一些不正当的手段,诉讼结果和诉讼效率可能都会因此而受到影响。针对上述状况需要通过制定相应的规范来加以约束,在一定程度上当事人只有对胜诉充满必胜的信心时才有可能花费高额律师费来委托知名的律师,而委托人一方在聘请律师之初并不能保证案子的胜诉,此时给付律师天价律师费的可能性并不大,一旦败诉或胜诉率不高时,高额的律师费只能由自己承担。

法官判断案情时还要审查双方当事人的律师费用是否真实合法、是否已经实际发生、有无超过必要的限度,若存在明显不合理的情形,则可以行使自由裁量权酌情裁减,以减少不公平现象发生的可能性。《民法通则》第114条规定:当事人一方因另一方违反合同受到损失的,应当及时采取措施防止损失的扩大;没有及时采取措施致使损失扩大的,无权就扩大的损失要求赔偿。《合同法》第119条规定:当事人一方违约后,对方应当采取适当措施防止损失的扩大;没有采取适当措施致使损失扩大的,不得就扩大的损失要求赔偿。当事人因防止损失扩大而支出的合理费用,由违约方承担。

依据前述规定,若用规定的适当的律师费用就可以请到律师为当事人提供相应的法律服务,那么,当事人花费过高金额的律师费用肯定不会被法院支持。但是,还应考虑到律师工作中存在的风险代理制度,由于该制度收费的特殊性,我们需要在制定律师费转让制度时予以特别考虑。依据我国目前的法律规定来看,风险代理应属于委托人与代理人双方协商收费的范畴,从基本的法律原则上讲,风险代理不违反法律、法规的强制性规定,且能够体现双方当事人的真实意思表示,法院应认可其真实有效性。风险代理对于委托人与代理人而言都具有很大的实际价值,出于自身利益的考虑,他们之间达成的这种合意以及对相关民事权利义务的约定属于法律给予保护的"处分自由"。

当事人愿意选择采用风险代理的方式进行诉讼,大多数都是因为经济的拮据或者是认为胜诉的可能性不高,而律师之所以愿意采用风险代理的方式，是因为他们认为胜诉的可能性高，可以以极小的风险代价，来获得高额的报酬。若开始实施律师费转付制度，当事人对于胜诉有十足的把握，就不必担心聘请律师所花费的高额的律师代理费，因为高额的律师代理费用将会由败诉的对方当事人负担，从这个角度讲，实行律师费转付制度将在一定程度上鼓励诉讼当事人选择以风险代理的方式进行诉讼，但是在败诉时，虽然不必担心承担己方的律师费用，但是又会面临承担对方高额代理律师费的风险。因此公众在选择通过诉讼维护自身权益时会更加谨慎，从而使得律师费转付制度在一定程度上阻碍当事人寻求法律救济的积极性。当事人会出于对一些复杂、疑难案件的诉讼风险考虑，而放弃诉讼救济。这样一来，由于双方当事人都面临此种风险，在通常情况下，当事人和律师串通谋求对方当事人不当利益的行为出现的可能性极小，但是为了以防万一，防止此种恶劣的可能性的出现，我们可以在出台律师费转付制度的同时借鉴国外的一些做法，即当当事人与代理人选择风险代理的收费方式时，须经过法庭的核准，执业律师也须提供证据，用来证明风险代理收费的合理性，对于风险代理收费的合同须经过法庭的认可。美国法院还保留了否决权，对于违反公共政策的风险代理合同，均不予以批准，采用此种方法可以使得以上违规的可能性在庭前被加以限制。

（十）败诉方、过错方含义之辨析

在实际裁判中，败诉方并不一定就是过错方，当败诉方并非真正意义上的过错方时，我们又该怎样寻求公平与正义？首先应该明白，实行律师费转付制度是为了更好地实现公平正义，更好地维护权利，若当事人是为了维护自己的正当权益，因协商不成而被迫采用的诉讼手段，如果聘请律师的合理花费不能由对方承担，这样即使法律判决其全部胜诉，也会因支出了本不该付出的律师费用，反而扩大了损失，权益也并未得到全部的维护，看似胜诉，但结果是不公平、不合理的。律师费转付制度是建立在"法院的判决一定是公正的"这样一个假设的基础之上的。而在司法实践中，由于存在着各种各样主客观因素的制约，一定的错案是不可避免的，如果实行律师费转付制度，将会造成更加严重的后果，对非过错方的败诉方更加不公，此种情形与维护公平正义的制度理念相去甚远。

对于这种质疑的声音，我们应采取否定之否定的辩证态度来正确地看待。著名法学家贺卫方曾这样说过："我们试图寻找一种非常的、没有错误的司法体系，而我们人是一种有缺陷的动物，我们没有办法建立一种制度能够真正达到有错必究、完美无缺的程度。"美国联邦最高法院的一位大法官说的话充分体现了司法内在的要求："我的判决之所以是不可推翻的，不是因为我的判决是正确的，恰恰相反，我的判决之所以是正确的，是因为我的判决不可推翻。"在一个案件的审理、判决过程中，确实会存在一些可能并非完全正确的情形，或者可以说一定比例的错案是越来越良好的司法制度在发展过程中无法避免的。否则，我们就要因为纠正少量的错误问题而导致对整个社会资源的巨大浪费，司法机构是用纳税人的钱来支撑的，它的运作也必须遵循节约的原则。实施律师费转付制度的理论前提是败诉方与过错方存在重合，而在现实的司法实践中，呈现出非过错方为败诉方的错案一定是存在的，但只要其所占的比例被控制在一定的范围之内，就能达到我们的目标，使绝大多数受害者的权益得到更好的维护，司法改革的目标就是尽可能实现公平正义的最大化，推行律师费转付制度的意义就已经达到了。败诉方通常只能作为一种通俗的称呼，其含义并不清晰准确，在许多案件中，事实上没有绝对的胜诉与败诉之分。有的当事人的诉讼请求几项满足了一项，有的当事人的索赔数额很高但法院只支持了很少比例，此种判决不能明确哪一方赢哪一方输。那么当不存在完全意义上的败诉方时，该如何处理？这也是把律师费转付作为一项制度加以明文规定所面对的最棘手的可操作性问题。

鉴于司法实践中败诉方的标准比较模糊，笔者认为，根据双方当事人的责任份额来确定律师费用的负担是一种比较切实可行的方案。由于法官对任何一个案件的判定，首先必须作出责任的认定，不管是采取过错责任原则、无过错责任原则还是公平责任原则，都需要先对损失总额作出认定，再在总额的基础上划分各自应当承担的责任份额。笔者认为，将责任划分作为分担律师费用的标准，具有一定的合理性，这不仅能与责任分担成正比，而且能彻底地解决双方当事人关于律师费用的纠纷。这里存在以下两种不同的计算方法：

1. 以原告的律师费为基准，乘以双方当事人的责任份额。

2. 以双方当事人律师费的总和为基准，乘以双方当事人的责任份额。

以第一种方式计算对原告有益，但对被告无益，由于在混合责任的情况下，原告同样需要对由于自身的过错给对方当事人造成的损失后果承担相应的责任，那么既然原告的律师费用损失可以列入追偿范围，被告一方的律师费用也应当同样地被列入分摊的范围，如此对于双方当事人才足够公平，而且此种办法能够提高诉讼效率，在一次诉讼中兼顾原告和被告双方的合法利益，从而避免这一问题的复杂化。

在上诉、申诉时，又该怎样分摊律师费才公平合理呢？由于我国司法体系实行两审终审制,在一审判决中作出了关于律师费的分摊,如果当事人不上诉的话就比较好计算,如果当事人提出了上诉,情况就会变得相对复杂,具体存在以下三种不同的情形:

1.维持原判。实行一审、二审分段计算的原则,一审律师费的分担按原来的方法及数额分担,二审双方当事人的律师费全由上诉方承担,因为二审维持原判意味着完全否定了上诉人的诉讼请求,上诉人作为败诉人承担全部的律师费用合情合理。

2.二审直接改判。这时不能采取一审、二审分段计算的原则,因为二审已经全然否定了一审对于责任的划分标准。在这种情况下律师费的计算就需要把一审和二审的律师费加和,其分担比例必须以二审的责任划分作为新的标准。

3.二审发回重审。如果重审改判,就要将一审、二审、重审的律师费加和,再乘以重审所作判决的责任分担比例;如果重审又上诉,当上诉维持重审判决时,计算方法也要采取分段计算的原则,一审、二审、重审的律师费总和乘以重审判决的责任比例,再次上诉的律师费用全由上诉人承担,原因同第一种情形。当上诉改判时,律师费用基准就应当把所有的律师费用总和乘以终审判决的责任比例。[1]

如果判决生效后当事人启动申诉引起再审,则有两种结果:1.维持原判,新发生的律师费全部由申诉人承担,因为申诉人是再审的败诉方。2.申诉改判,否定了二审判决的效力,二审已经支付的律师费用理应回转,应该把从一审到再审的律师费用加和乘以再审判决确定

---

[1] 钱雄伟:《"律师费转付制度"的可行性研究》,载《鄂州大学学报》2005年第2期,第39—42页。

的责任比例。

（十一）完善律师过失赔偿责任保险机制

律师因存在的过失行为给委托人造成了不应有的损失时，委托人可以对律师提起赔偿之诉。如果实行律师费转付制度，也会在无形之中加大律师执业的风险，因为对律师的赔偿之诉也应当受到律师费转付制度的约束，败诉的律师不仅要赔偿当事人的败诉损失，还需要承担当事人的律师费用，同时也面临着本诉的律师费损失。这一制度一方面可以对律师起到督促作用，使律师在接受当事人的委托后，更加尽职尽责地为当事人提供优质的服务，在一定程度上促进律师队伍业务能力及素质的整体提高，另一方面又使得律师承担的风险过大，与之产生冲突。解决这一矛盾的较好方式就是律师协会可以为律师统一购买责任保险，转嫁这一过高的执业风险。建议在《律师法》中明确规定，律师事务所必须参加执业过失赔偿责任保险，将购买一定数额的保险列为成立律师事务所的必备条件。同时加快完善相对应的保险机制，使保险公司设计出更好满足这一市场需求的保险品种，解除律师费转付制度对于律师执业风险的后顾之忧。

（十二）建立律师费用败诉方负担的评定程序[①]

目前我国并未设置诉讼费用数额的评定程序，但在本案终结后，法院会将诉讼费用的详细清单发放给当事人，而非与案件事实的判断同时进行。与之相似，律师费用的评定，亦有别于案件事实的审理，

---

① 戴党平：《民事诉讼律师费用败诉方负担制度分析》，第42—43页。

具有一定的独立性，我们认为有必要设定律师费用的单独评定程序。如前文所述，律师费用很可能作为一项损害赔偿被提出，法院对其进行裁判时，也需要历经举证、质证、辩论等各个环节，这与庭审中的事实性诉讼请求并无不同，甚至在诉讼标的大或者案情复杂时，高昂的律师费很可能成为争议的焦点。此外，律师费用收费的标准，是采用计件、计时制还是根据标的额计费，抑或采用风险代理的标准计费，是参照胜诉方所在地还是败诉方所在地律师收费标准，在每个案件中的具体情况均不同，有必要进行专门的评定予以确认。当然，启动评定程序，应当遵循当事人申请原则，因为律师费用的负担仅涉及双方当事人的利益，与法院利益无涉。在当事人没有申请由败诉方负担律师费用时，法院应当尊重当事人对实体权利的处分，不能依职权启动律师费用评定程序。

第六章

研究结论与倡议

第六章　研究结论与倡议 <<<

一、研究结论

通过对国内外律师费转付制度的立法现状、司法实践情况的分析，并对与律师费支付相关的大量案件进行的严密而细致的研究，我们得出如下结论：

败诉方承担对方律师费是国际潮流和主流规则，在以英国为代表的大多数国家和地区均施行律师费转付制度。美国虽然是推崇律师费自行负担规则的代表国家，但对于恶意诉讼等案件也可以判决由败诉的恶意方承担律师费，且基于判例法或成文法也可以判决由败诉方承担胜诉方之律师费用。

由此可见，律师费转付制度自东罗马帝国开始适用至今，经过大陆法系及英美法系众多国家的司法实践，现在已经成为比较成熟的制度，由败诉方承担律师费具有高度可行性。同时，适用律师费转付制度，可以在一定范围内减少恶意诉讼、避免当事人滥用诉权、保障胜诉方当事人的合法权益，真正实现公平和公正，符合当前国际主流规则和发展趋势。

我国在律师费用分担方面的法律规定不够详细、具体。根据前述的我国现有法律法规，现阶段，在适用案件类型方面，明确规定由败诉方承担胜诉方律师费用的法律法规主要集中于知识产权领域，以此解决知识产权侵权行为中的侵权成本低、维权成本高等问题。正如最高人民法院院长周强在2017年8月29日在第十二届全国人民代表大会常务委员会第二十九次会议上《最高人民法院关于知识产权法院工作情况的报告》中所指出的"由侵权人承担被侵权人维权成本，让被侵权人获得充分赔偿，让侵权人付出应有的代价"。而在其功能方面，

>>> 关于推进律师费转付制度的调研报告

法律法规对于由败诉方承担胜诉方律师费的适用主要作用于打击虚假诉讼、恶意诉讼等非诚信诉讼行为。

我国并未建立完善的律师费转付制度，对由败诉方承担胜诉方律师费这一规则无明确、统一的规定，而散见于与侵权责任有关的法律法规中，并且仅在知识产权领域有相对统一的规则。由于我国还没有在法律、司法解释中对这一制度作出明确的规定，为了更好地维护自己的合法权益，在目前的过渡阶段建议当事人在订立合同时，事先在合同中约定将来如果发生纠纷由败诉方承担对方律师费。该约定不会违反我国法律、法规的强制性规定，法官一般都会尊重当事人的意思自治，予以认可，判决律师费由败诉方承担。律师费转付制度适应我国的立法趋势，符合我国的发展国情，而且不断出现最高人民法院的公告案例，支持着这一制度的实施，我们相信在不久的将来就可以看到有明确的法律规定来更好地支持胜诉一方当事人的合法权益，从而更好地实现社会的公平和正义。

在我国有必要推进律师费转付制度。律师代理费实际上是为减少损失、维护合法权益所产生的费用，属于当事人的财产损失。通过律师费转付制度的建立，可以更加全面地保护胜诉方的利益，从而避免以往常出现的"赢了官司输了钱"的现象；同时，律师费转付制度对于律师行业的发展、公众的法制意识的增强、司法改革的有效推进、国内法律制度与国际的接轨等都能发挥重要的促进作用。在我国当前经济高速发展、人民法律意识不断增强、诉讼公平保障需求更加强烈的形势下，及时推进律师费转付制度非常有必要。

在我国推进律师费转付制度具有紧迫性，同时也具有深远而重要的积极意义，特别是在当前诉讼案件激增的现实情况下，更需要实行律师费转付制度：

第一，近年来，当事人就败诉方承担律师费用问题提出诉讼请求的比率逐年增高。仅在2017年一个年度，在民事案件中，当事人请求败诉方承担律师费的案件就多达29543起，而且这种民事诉讼当事人请求败诉方承担律师费的案件并不局限于个别省份而是遍布全国。由于我国立法在律师费转付制度方面缺乏完善而具体可行的规定，在我国的司法实践中，各地法院对于当事人请求败诉方承担律师费的诉请的处理相当混乱，并无统一的标准和做法，存在比较严重的同案不同判的现象。为了应对日益增多的请求败诉方承担律师费的案件，为法院处理相关问题提供具体可行的标准，我国应当迅速建立律师费转付制度。

第二，随着公民权利意识和法制意识的增强，公民行使诉权的积极性和能力都在不断地提升，但随之而来也产生了诉权滥用的严重问题。许多人利用诉讼成本偏低，通过恶意起诉等方式滥用诉权以图达到个人某些没有法理依据的目的。公民滥用诉权不仅导致无辜涉诉者耗费大量的时间和人力物力，而且严重浪费了宝贵的司法资源，导致其他真正需要司法救济的公民错过最佳救济时间，降低司法效率、加剧了"案多人少"的状况。诉权滥用的问题已经不是一个潜在的学术问题，它已经成为一个亟待解决的现实社会问题。通过建立律师费转付制度，可以有效提高诉讼成本，有利于限制诉权的滥用。考虑到当下日益严重的诉权滥用现象，实行律师费转付制度从而限制这一现象具有相当的紧迫性。

第三，近年来诉讼案件始终呈指数级增长，"案多人少"的情况非常严重。2008年，全国法院受理案件数量首次突破1000万件，当时

>>> 关于推进律师费转付制度的调研报告

全国法院法官人数为18.9万人。8年之后,2016年全国法院受理案件的数量翻了一番,首次突破2000万件,达到2300万件。2017年仅上半年受理案件数就达到1400万件。[1] 截至2018年6月30日,全国法院新收案数1229.5万件,同2017年上半年相比增加70.6万件,上升了6.09%;结案952.8万件,同比增加40.2万件,上升了4.41%。全国法院共有12.4万名员额法官,人均新收案件99.2件。[2] 可以说,诉讼爆炸已经成为我国法院乃至整个司法体系的不可承担之重。如何进一步优化司法资源、提高司法效率以应对诉讼爆炸,成为司法体制改革的重要目标。在诉讼案件呈指数级不断增加的背景下,实行律师费转付制度,发挥律师费用对于调节当事人诉讼行为的杠杆作用、促进案件繁简分流、使当事人慎重起诉、促进采用调解等方式解决纠纷、使矛盾能够多元化解决、使有限的司法资源能够得到有效利用、提高审判效率,具有相当的紧迫性。

长期以来,我国法律对于律师费用承担问题的规定处于空白,现存的《律师业务收费管理办法及收费标准》和《律师服务收费管理暂行办法》只涉及律师收费的规定,但并未对律师费用的负担加以说明,这导致在我国目前的诉讼中,诉讼费用并不包括律师费用。近年来,有一些司法解释涉及了律师费用负担的问题。我国法律首次对律师费用负担作出明确规定的是1999年12月29日起施行的《〈合同法〉司法解释一》,该文件第26条规定:"债权人行使撤销权所支付的律师代理费、差旅费等必要费用,由债务人负担……"随后颁布的最高人民

---

[1] 数据来源于2017年上半年全国法院审判执行工作态势新闻发布会,参见 http://www.court.gov.cn/fabu-xiangqing-54752.html。
[2] 参见《全国法院上半年新收案超1200万》,《法制日报》,2018年8月2日。

第六章　研究结论与倡议

法院《关于审理著作权民事纠纷案件适用法律若干问题的解释》第 26 条、最高人民法院《关于审理商标民事纠纷案件适用法律若干问题的解释》第 17 条也有类似的规定。知识产权案件由于其涉及的知识专业、问题复杂，当事人缺乏相应的知识储备及诉讼技巧，往往不能单独应对，因此知识产权案件的律师费用属于诉讼费用的范畴，应该由败诉方来承担。

从我国近期在涉及知识产权方面的司法解释中规定由败诉方承担胜诉方的律师费用来看，我国对于实行律师费用转付制度持肯定态度。另外，我国《民法通则》第 112 条、《合同法》第 113 条都规定当事人一方对于自己的不当行为给对方造成损失的，应当赔偿另一方因此遭受的损失，其中应包括为维护自身权利而支出的必要的费用。但是仅从一些现有的司法解释中或是立法精神上来确立律师费转付制度是远远不够的，也会让其他案件的当事人觉得不够公平。随着依法治国日益推进，法律问题也日趋复杂，越来越多的当事人进行诉讼需要聘请律师作为代理人，避免因缺乏法律知识而产生不利后果，或避免因诉累耗费过多的时间与精力，这种情况为建立律师费用转付制度提供了前提条件。现实生活中也存在很多因受到侵害，为挽回损失想要通过诉讼的途径来实现利益的当事人，但对于聘请律师要支付律师费望而却步，或是对于"赢了官司赔了钱"的局面感到担忧，特别是对于工作收入水平较低的人们而言，聘请一名律师的成本太高，负担不起，从而寻求法律援助机构的帮助，导致法律援助机构的业务膨胀，加大了司法成本；更有些人因负担问题，不得不放弃通过诉讼来维护自身的合法权益；另一方面，一些收入较高的人又有可能滥用诉权，使得有限的司法资源无法得到合理的分配。这些问题都给法治国家的发展带来了许多负面影响。

因此，建立律师费转付制度既符合我国社会发展的需求，又符合我国法律的发展趋势。一方面，可以降低公民的诉讼风险，从而减轻当事人的诉讼负担，有效促进当事人接近司法，选择用法律途径解决纠纷。另一方面，可以起到防止当事人滥用诉权、不诚信诉讼的作用，减少对司法资源的浪费。确定这一制度还可以使收入水平较低、在经济方面有困难的人们不再因律师费的困扰而放弃诉权，提高当事人应诉时选择聘请律师的积极性，律师参与诉讼，不仅可以提高当事人的诉讼能力，缩短诉讼进程，节约司法资源，同时还可以推动律师业的健康发展；同时，也可以对违约方、侵害方起到一定的警示作用；且能督促当事人审慎行使自己所享有的诉权，防止诉权的滥用，还可以提高当事人之间的和解率，缓解对司法资源的不当占用。

二、我们的倡议

为了更好地在我国推进律师费转付制度，我们以调研结果为依据，提出以下几项倡议：

（一）律师在合同条款设置上进行引导

根据合同自由原则，双方当事人在合同中约定了律师费由败诉方承担的，在一方当事人起诉或申请仲裁时，关于律师费承担的诉讼请求一般都会得到法院的支持。因此，合同双方当事人在签订合同时，律师应建议当事人可将律师费列入违约赔偿的内容之中，甚至可以将律师费的承担方式、承担标准也详细列明。在拟定这样的违约条款时，须特别注意必须明确写明"律师费"，因法院对于该项的审查特别严格，诸如"实现债权的费用"等均可能因属于约定不明确，而不会得到法院关于律师费的支持。

本研究会通过面向本会委员、面向本区执业律师、协同市律协面向全市执业律师开展培训、宣讲等方式，鼓励、倡议律师在起草和修改合同时，积极引导客户，在客户认可的情形下，加入违约方承担守约方损失的赔偿条款，给法院或仲裁机构支持律师费转付以合同依据，增强公民及法人等对律师费转付制度的认识，扩大律师费转付制度的影响力。

（二）律师在诉讼中主动提出律师费承担请求

依据我国法律的相关规定，不告不理原则是法院审理的基本原则之一，法院无权变更、撤销当事人的诉讼请求，在案件的审理过程中，法院只能按照当事人提出的事实和主张进行审理，对于超出当事人诉讼主张的部分，不得主动进行审理。这就要求原告方在起诉时必须提出诉求，要求被告承担己方律师费。法官在开庭时同样应当向被告人释明被告享有倘若胜诉，由败诉的原告负担被告方律师费的权利，除了被告明确表示放弃该项权利的情形以外，均应当适用律师费转付制度的规则。倘若被告在庭审中明确表示放弃该项权利，书记员应当记入笔录。但是，如果庭审中法官没有向被告释明，则应当视为被告并未放弃该项权利。

故我们倡议律师在代理原告起诉时，在原告方证据充分、胜诉可以预期的情形下，提示当事人考虑是否将诉讼律师代理费作为损失之一向违约方主张。当律师在代理被告一方应诉时，也应在法官释明该项权利的情况下，向法庭明确表示行使该项权利，当原告方败诉时，则由原告负担己方的律师费用。

（三）律师协会规范并推广合同标准条款

研究拟定合同标准条款，区级、市级律师协会进一步研究、颁布相关的合同标准条款，在律师中推广使用。

对于合同标准条款的制定，应考虑到以下情形，当事人双方在合同中约定由败诉一方承担律师费的，法院一般应支持合同约定，除非该约定超出了该省律师收费意见的最高限的30%，此时，应以最高限的130%为准。对于合同中没有约定或约定不明确由败诉方承担律师费用的，参照各省的律师收费指导意见，法官可在中线到最高限的范围内酌情决定。法官应当依据诉讼当地的经济发展水平、案件的复杂程度、当事人实际支付律师费的实际情况来决定这个幅度。当事人支付律师费的情况不是决定条件，但可以酌情考虑。

律师协会加强沟通推进力度，倡议由律师协会出面与各级法院和立法机构开展座谈交流，争取在制度层面、司法实践层面，进一步推进律师费转付制度。

（四）制定律师费率表

实施律师费转付制度面临的主要质疑是，委托方可能为了打赢官司，无原则地花高额费用委托知名律师，因为只要官司赢了，律师费就可以由对方承担。而且没有规制的律师收费也会诱使部分律师漫天要价，或者提供不必要的服务以增加服务成本。因此，让败诉方承担的律师费用应当遵循合理的收费标准。①

为规范律师收费和法院收费，我国相继出台了《律师服务收费管理办法》和《诉讼费用交纳办法》，分别规范律师的收费和法院的收费。前者于2006年12月1日实施，后者于2007年4月1日起施行，以改变律师收费和法院收费中存在的不当现象。当然，由于律师收费在很大程度上由市场调节，因此全国不可能有一个统一的标准，具体的标准都由各省、自治区、直辖市根据当地的经济发展状况，在《律师服务收费管理办法》的基础上进一步制定。然而，虽然《律师服务收费管理办法》对律师服务的收费问题作了原则性规定，我国部分省市也出台了本地律师收费管理办法，但这些规定过于笼统，应在此基础上进一步健全律师收费制度，明确律师收费的标准、种类、方式等内容。

其实除了众所周知的"按小时收费"的方式外，律师还有很多其他的收费方式。在民事诉讼中，律师一般根据案件所涉金额按照一定比例收取费用，不涉及金额的案件则以件为单位收取固定费用。除此之外，依据代理方式的不同，律师收取费用的比例也不尽相同，例如，选择风险代理的案件，收费比例会相对较高。刑事案件则按件收取固定费用，并且为了避免出现违法或不公平的情况，在刑事案件中是不允许律师进行风险代理的（也就是不能以判决后果作为收费的依据）。行政案件的律师费一般也以件为单位进行收取。非诉讼案件的收费形式就更加多样化了，比如法律咨询可以按小时收费，合同起草可以按合同金额收费，IPO项目可以按项目规模收费。比较常见的常年法律

---

① 徐舜岐、孙文胜：《律师费转付制度刍议》，载《安徽警官职业学院学报》2005年第5期，第37—39页。

顾问，一般按年度收取顾问费用，其中就包含基本的法律咨询、合同审核等内容。在我国，部分非诉讼法律服务通常被认为是高端法律项目，比如IPO、投资并购等，这里说的"高端"不仅指项目本身具有较为复杂的法律属性，而且这些项目一般收费较高。

为了更加公平合理地实行律师费转付制度，避免不必要的纷争，建议我国也仿效德国，对律师费率制定类似法院诉讼费率的表格，这样法院在判决由败诉方承担胜诉方律师费时也会有章可循，而不至于在各个地方法院造成太大的差异。

在刑事案件中，若被告被法庭宣判无罪，那么双方的律师费用将由国家来负担；对于刑事案件中的被害人一方的律师费用，如果案件判决被告为有罪，则被害人的律师费由被告人承担。在被告人明显无支付能力的情况下，被害人的律师费可以由国家承担。在国家承担之后，有权向被告人追偿。相应地，国家应当对下述案件的律师费用收费标准制定统一的下限，最好是以确定性规定而不是指导意见的形式规定，并且按照各地的经济发达程度划分较详细的类别：1.劳动案件；2.婚姻案件；3.交通肇事及人身损害赔偿案件；4.妇女、未成年人、老年人、残疾人、退役军人案件；5.行政诉讼案件。制定出一系列的标准，更有利于律师费转付制度在各地方法院的推进。

对于律师事务所、律师在收费中超出政府指导价范围或幅度收费的，价格主管部门应当依法实施行政处罚；律师事务所、律师有违反律师事务所统一接受委托或者收费规定的，司法行政部门应加强监督和查处；各地政法委机关可以组织司法行政部门、法院、检察院等部门，对律师服务收费情况进行综合评价和评估，并提出检查监督意见或司法建议。通过多种渠道的监督，使律师服务收费行为更加规范。①

（五）尊重法官的自由裁量权

随着社会的发展，社会分工越来越精细，法律事务越来越复杂，法律作为调控社会秩序的主导力量，由于其本身的局限性，越来越难以满足社会现实的需要，于是法官的自由裁量权就显得尤为重要。法官在诉讼过程当中，在已经查明事实和准确适用法律的基础之上，基于案件的基本情况，按照公正、衡平的法律原则和法律精神，可以对案件事实或法律适用问题酌情作出判决，或是在多种合乎法律的解决方案之中进行合理的选择，这就是自由裁量权。

法官对当事人律师费用负担的请求也应具有自由裁量权，即使胜诉方提供了详细可靠的律师费用收据，法官也可以不予采纳。对于高于法院判决的那部分律师费，仍可由胜诉方自行承担。这样也可以防止在某些案件中出现律师费虚高的现象，促进律师收费的良性发展。

（六）完善例外性规则的处置方法

以律师费转付制度为原则，发展例外性规则。有规则就有例外，例外的存在是为了更好地解决实际问题。无论是英国的律师费规则，还是美国的律师费规则，都在通过发展例外性条款不断地自我完善。

---

① 刘用田：《完善我国律师收费制度的几点思考》，载《安阳师范学院学报》2013年第1期，第42—45页。

目前我国已在恶意诉讼、虚假诉讼、人身侵权案件、侵犯知识产权案件、合同纠纷中债权人行使撤销权案件、担保类案件、合同约定类案件中发展出了"律师费自行承担模式"的例外性规则。但这些例外规则大多停留在司法解释和司法实践层面，以后在立法中亦应有所体现，根据实际情况还可能会发展出更多的例外性规则。

目前我国实行的"律师费自行承担模式"比较简单，双方各自负担己方的律师费用即可。但在例外规则中如何分配律师费用则要困难得多。例如，在一审判决后，败诉方没有上诉，胜诉一方以一审判决对方负担的律师费用过低为由，不服一审判决而提起上诉的，将会导致二审阶段双方当事人又请律师，这样又会支出律师费用，二审如何判决律师费？显然，一审判决后，败诉方无上诉意愿，可是对于胜诉方的上诉，不得不再请律师去应诉，这在无形中增加了一审败诉方的经济负担。即使二审没有支持对方的上诉理由，维持了一审判决，那也只是再一次重申了一审中败诉方的败诉事实，此时作为败诉方，是否还要承担对方在二审中的律师费？我们认为不用。虽然二审维持了一审判决，但二审并未支持胜诉方"增加对方负担律师费责任"的上诉请求，所以，一审的胜诉方为二审的"败诉方"，双方在二审中的律师费用均应当由一审胜诉方负担。这只是其中的一个例子，审判实践中需要完善的处置方法还有很多。

（七）加强律师培训，发挥律协的监管职责

司法公正和高素质的律师是适用律师费转付制度的保障条件。适用律师费转付制度，如果律师队伍的道德素质不高，律师为了胜诉采取非法行为，则会进一步加剧司法不公，一方当事人通过非法手段使

第六章 研究结论与倡议

原本可以胜诉的一方败诉,从而导致实际受害人遭受更大的损失,这与设置律师费转付制度的初衷背道而驰。所以,律师费转付制度需要司法公正的环境和高素质的律师队伍予以保障。[①]

在我国律师行业初步发展的时期,律师事务所并非独立的市场主体,律师行业组织发展不健全,功能也不完善,主要依靠行政机关对律师行业进行引导监管。随着近年来律师业的迅猛发展,律师执业组织已成为提供法律服务的市场中介组织,许多地区的律师行业组织已经发展得相当完善,并在律师协会下设各种专门委员会,对律师进行职业道德、执业纪律教育,保障律师依法执业,还可以调解律师与律师之间、律师事务所与律师事务所之间、律师与律师事务所之间因执业引起的纠纷。律师协会作为律师行业的自律性社会团体,其宗旨主要有维护宪法和法律的尊严、忠实于法律事业、恪守律师职业道德和律师执业纪律、提高律师的执业素质、维护律师和律师事务所的合法权益、加强行业自律、促进律师事业的健康发展等。作为对律师业务活动最熟悉的机构,又是律师行业的自治性组织,由律协对律师事务所及其律师的执业行为和相关行为进行评定和惩戒较为适宜。[②]

因此,应充分发挥律师协会对律师事务所及律师的监管作用,由律师协会承担制定律师执业规范和律师行业的管理制度的职能,指导律师事务所规范化的管理工作,开展对律师职业道德和执业纪律的教育、检查、监督,处理对律师和律师事务所的投诉,调解律师和律师

[①] 徐舜岐、孙文胜:《律师费转付制度刍议》,载《安徽警官职业学院学报》2005年第5期,第37—39页。
[②] 曹雪雅:《律师收费制度若干问题研究》,第42—43页。

事务所在执业中发生的纠纷。如果律师事务所、律师在收费中存在违法违纪或者违背律师职业道德的行为,应当要求律师事务所和律师立即纠正,情节严重的,律师协会应当给予纪律惩戒。[①]

---

① 曹雪雅:《律师收费制度若干问题研究》,第42—43页。

后　记

2018年10月底，朝阳区律师协会争议解决业务研究会的换届组建工作完成后，我根据杨光会长的提议，组织研究会的主要班子成员开始研究律师费转付制度。经过一个月的努力，做出了一万多字的调研报告，然后又经过研究会几个月的资料收集、整理、调研、撰写等工作，完成本书的初稿。虽然秉承专业、严谨、负责的态度，但是因种种原因，本书可能仍存在不少缺憾和不足。编著本书，仅仅希望起到抛砖引玉之效！

我们研究的律师费转付制度，不仅限于由败诉方承担胜诉方律师费的规则，也包含了由滥用争议解决程序的过错方承担无过错方相关律师费支出的赔偿制度。2016年，最高人民法院发布的《关于进一步推进案件繁简分流 优化司法资源配置的若干意见》为推进律师费转付制度提供了新的政策依据。如何在中国现有的法律环境下实现倡导律师费转付制度的目的，在实践中避免负面影响的产生，是值得我们深思的问题。对于今后进一步的研究，我提出以下两点想法：

第一，需要继续对我国诉讼、仲裁领域与律师费转付制度相关的案例进行科学的整理和分析，总结其共性的特征。通过案例分析，总结法官、仲裁员对律师费转付的裁判逻辑，归纳当事人对律师费转付的请求依据或抗辩依据。从诉讼、仲裁活动中各方当事人的角度，探寻不同群体对律师费转付制度的看法、顾虑和建议。

第二，需要结合中国的法律体系和司法制度，继续对律师费转付制度实施的法律环境和配套制度开展深入的研究。律师费转付制度在各国的实践中亦有不同的运行机制，生搬硬套、简单移植只会产生南橘北枳的现象。国外成熟的律师费转付制度背后都有其文化背景和配套制度，比如律师费的定价机制、裁决的可预期性等等。为此，我们需要深刻理解律师费转付制度的内在原理和运行环境，通过创设符合中国司法制度和国情的配套制度，使我们的律师费转付制度能够"接地气"，充满生机和活力。

最后，在本次课题的研究过程中，律师协会的领导、外部专家对争议解决业务研究会的工作给予了大力支持，提出了很多建设性的意见。感谢杨光会长富有远见的课题选择，感谢争议解决业务研究会的律师同仁们付出的巨大努力！

朝阳区律师协会争议解决业务研究会将再接再厉，依托广大律师，进行深入研究和专题调研，努力倡导社会各界广泛参与，为完善和推进律师费转付制度共同努力！

朝阳区律师协会副会长　孙为

图书在版编目（CIP）数据

关于推进律师费转付制度的调研报告 / 北京市朝阳区律师协会著. —北京：中国法制出版社，2020.2
（朝阳律师行业发展丛书）
ISBN 978-7-5216-0812-0

Ⅰ.①关… Ⅱ.①北… Ⅲ.①律师业务—费用—收费制度—研究报告—中国 Ⅳ.①D926.54

中国版本图书馆CIP数据核字（2020）第004327号

策划编辑：潘孝莉
责任编辑：潘孝莉 陆伶楠　　　　　　　　　　　封面设计：蒋 怡

关于推进律师费转付制度的调研报告
GUANYU TUIJIN LÜSHIFEI ZHUANFU ZHIDU DE DIAOYAN BAOGAO

著者/北京市朝阳区律师协会

经销/新华书店

印刷/北京京华虎彩印刷有限公司

开本/710毫米×1000毫米 16开　　　　　　印张/12.5 字数/144千

版次/2020年2月第1版　　　　　　　　　　2020年2月第1次印刷

中国法制出版社出版
书号ISBN 978-7-5216-0812-0　　　　　　　　　　　定价：59.00元

北京西单横二条2号 邮政编码100031　　　　传真：010-66031119
网址：http://www.zgfzs.com　　　　　　　　编辑部电话：010-66060794
市场营销部电话：010-66033393　　　　　　邮购部电话：010-66033288

（如有印装质量问题，请与本社印务部联系调换。电话：010-66032926）